VEGANE FITNESS-KÜCHE

aus der Reihe »Vegane Volksküche«

1. Auflage März 2017

Max-Braun-Str. 2, 97828 Marktheidenfeld
Tel. 09391/504-135, Fax 09391/504-133
www.gabriele-verlag.com

Bildnachweis: Alle Bilder Gabriele-Verlag Das Wort GmbH, außer S. 10 © dinostock - fotolia.com.
Seite 34 © evgenyb - Fotolia.com, Seite 50 © Monkey Business Fotolia, Seite 124 © M.studio - Fotolia.com
Seite 148 © Tanouchka - Fotolia.com

Druck: KlarDruck GmbH, Marktheidenfeld
ISBN 978-3-89201-810-0

VEGANE FITNESS-KÜCHE

aus der Reihe »Vegane Volksküche«

VITALSTOFFREICH, GESUND & SCHNELL

Gabriele-Verlag
Das Wort

HAUPTSPEISEN

DESSERTS

SMOOTHIES

Liebe Leser,

VEGAN heißt: für das Leben – für Leben und Gesundheit des Menschen, für die Bewahrung der Natur, der Mutter Erde, für unsere Mitgeschöpfe, die Tiere.
Dafür stehen die veganen Kochbücher des Gabriele-Verlags Das Wort.

Immer mehr Menschen fühlen, dass Tiere unsere Mitgeschöpfe sind und dass wir kein Recht haben, andere Lebewesen für unsere Gaumenlust zu quälen und zu töten. Die Augen, heißt es, sind der Spiegel der Seele. Was blickt uns wohl aus den Augen eines Tieres an? Das Leben. Es ist dasselbe Leben, das auch in uns wohnt - Gott.

Seit über 40 Jahren erhebt Gabriele, die Prophetin und Botschafterin Gottes, ihre Stimme für einen friedfertigen Umgang mit unseren Mitgeschöpfen, den Tieren, und mit der gesamten Mutter Erde.

So entstand auch das Konzept für den Friedfertigen Landbau, der alles Leben einschließt - bis hin zu den Kleinstlebewesen in der Erde. Wir möchten Ihnen daher die Naturprodukte aus Friedfertigem Landbau ans Herz legen. Denn mit Lebensmitteln in bester Qualität schmecken Ihre veganen Gerichte besonders gut. Lesen Sie dazu unsere Produktempfehlung auf S. 156.

In unseren veganen Kochbüchern finden Sie ausgesuchte Rezepte und zahlreiche Ideen und Anregungen für eine abwechslungsreiche, schmackhafte und vor allem tierfreundliche Ernährung.

»Nichts wird die Chance auf ein Überleben auf der Erde so steigern wie der Schritt zur vegetarischen Ernährung.«

Albert Einstein,
Physiker und Nobelpreisträger (1879-1955)

*»Es wird lange dauern,
bis die Menschheit begriffen hat,
dass nicht nur die Völker der
Erde ein Volk sind,
sondern dass Menschen,
Pflanzen und Tiere zusammen
„Reich Gottes“ sind
und dass das Schicksal
des einen Bereichs auch das
Schicksal des andern ist.«*

Luise Rinser, dt. Schriftstellerin (1911-2002)

Die „Vegane Fitness-Küche“ mit ihrer großen Vielfalt an Salaten, Suppen, Hauptgerichten, Desserts und Smoothies ermutigt dazu, Gesundes aus der Natur neu zu entdecken und in den täglichen Speiseplan zu integrieren: Lupinen, Bohnen und Linsen mit ihrem hochwertigen Eiweiß beispielsweise, altbewährte Wildkräuter wie Brennnessel, Gundermann und Bärlauch – oder die große Vielfalt an Beeren, Früchten und Nüssen, die die Natur schenkt und die nicht nur ein besonderes Geschmackserlebnis versprechen, sondern eine Vielzahl an Vitaminen und Vitalstoffen beinhalten.

Dass eine friedfertige Ernährungsweise, die das Leben der Tiere achtet, auch für Gesundheit und Wohlbefinden des Menschen förderlich ist, belegen mittlerweile auch unzählige internationale medizinische Studien zur vegetarischen und veganen Ernährung*.
Die Rezepte der „Veganen Fitness-Küche“ laden Sie ein, tierfreundlich, fit und dynamisch zu leben. Probieren Sie es aus!

Wir wünschen Ihnen viel Freude beim Zubereiten und Genießen!

** Z.B. Studie der Harvard Medical School, veröffentlicht in der „Jama Internal Medicine“ 8/2016*

SALAT-IDEEN

farbenfroh & frisch

Ob als exquisite Vorspeise oder für den kleinen Appetit zwischendurch – Salate sind Frische-Quell und Augenschmaus in einem. Feine Wildkräuter, Blattsalate und erlesene Gemüse bieten ungeahnte Möglichkeiten immer neuer Geschmacksvariationen. Kombinieren und probieren Sie, entdecken Sie Salate völlig neu, abwechslungsreich kombiniert mit Nüssen, Früchten und Gewürzen.
Ein Highlight der kreativen, vitalstoffreichen Küche.

TABOULEH MIT BULGUR,
Pfefferminze und Petersilie

Zutaten für 2 Personen:

100 g BULGUR
500 ml GEMÜSEBRÜHE
½ SALATGURKE
2-3 TOMATEN
1 BUND PETERSILIE
½ BUND PFEFFERMINZE
3 FRÜHLINGSZWIEBELN
3 EL OLIVENÖL
SAFT VON ½ ZITRONE
SALZ, PFEFFER

Zubereitung:

1 Bulgur mit der heißen Gemüsebrühe übergießen und zugedeckt mind. 30 Min. ziehen lassen. Gelegentlich rühren. Dann in einem Sieb abtropfen und abkühlen lassen.

2 Gurke und Tomaten in kleine Würfel schneiden, das Tomatenwasser mit verwenden.

3 Petersilie und Pfefferminze fein hacken. Frühlingszwiebeln in Ringe schneiden.

4 Alle Zutaten mit dem Öl und dem Zitronensaft vermischen und mit Salz und Pfeffer abschmecken.

Tipp:

Wer mag, kann das Tabouleh auch noch mit einer gepressten Knoblauchzehe verfeinern. Servieren Sie den Salat möglichst frisch angemacht mit hellem Brot oder Fladenbrot.

FELDSALAT & AVOCADO

mit geröstetem Hanf an Orangen-Dressing

Zutaten für 2 Personen:

150 g FELDSALAT

1 ORANGE

3 EL HANFSAAT

1 GENUSSREIFE AVOCADO

30 ml OLIVENÖL

3 EL WASSER

SALZ, PFEFFER

Zubereitung:

1. Feldsalat putzen.
2. Orangen waschen, mit einer Reibe vorsichtig die orangene Außenhaut der Schale abreiben.
   Dann die Orange mit einem Messer großzügig abschälen und das Fruchtfleisch in grobe Stücke schneiden.
3. Fruchtfleisch, Wasser und Schalenabrieb pürieren.
   Olivenöl dazu geben und nochmals pürieren.
   Mit Salz und Pfeffer verfeinern.
4. Hanfsaat in einer Pfanne ohne Öl anrösten.
5. Avocado vierteln, Schale entfernen, in Streifen schneiden.
6. Feldsalat und Avocado in tiefen Tellern anrichten.
   Das Dressing darüber verteilen, mit dem gerösteten Hanf bestreuen.
   Mit gutem Brot servieren.

BUNTER LINSENSALAT
mit Pfefferminze und Petersilie

Zutaten für 2 Personen:

- 100 g ROTE LINSEN
- 100 g GELBE LINSEN
- 1 ZWIEBEL
- 1 KLEINE ROTE PAPRIKA
- 2 TOMATEN
- 1 BUND PFEFFERMINZE
- 1 BUND PETERSILIE
- 1 ZITRONE
- 2 EL OLIVENÖL
- SALZ, PFEFFER
- GEMÜSEBRÜHE

Zubereitung:

1. Linsen in Gemüsebrühe bissfest kochen.
2. In einem Sieb mit Wasser abspülen, bis sie kalt sind.
3. Zwiebel, Paprika und Tomaten in kleine Würfel schneiden. Das anfallende Tomatenwasser mit verwenden.
4. Petersilie und Pfefferminze fein hacken.
5. Die Zitrone leicht abreiben und dann auspressen.
6. Alle Zutaten mit dem Öl und dem Zitronensaft und -abrieb vermischen, mit Salz und Pfeffer würzen.

Tipp:

Für Salat sollte man Linsen noch leicht bissfest vom Herd nehmen, also bevor sie anfangen zu zerfallen. Dann sofort in einem Sieb mit kaltem Wasser abspülen. Das ist sowohl gut für die Optik wie auch für den Geschmack.

KARTOFFELSALAT
mit Löwenzahn und Kürbiskernöl

Zutaten für 2 Personen:

500 g KARTOFFELN (FESTKOCHEND)

2 HANDVOLL FRISCHER LÖWENZAHN

50g KÜRBISKERNE

3 EL KÜRBISKERNÖL

50 ml WASSER

SALZ, PFEFFER

STREUWÜRZE

Zubereitung:

1 Kartoffeln kochen, pellen und abkühlen lassen. Dann in dünne Scheiben schneiden.

2 Löwenzahn waschen, in dünne Streifen schneiden und zu den Kartoffeln geben.

3 Etwas Streuwürze, Salz und Pfeffer in kochendem Wasser verrühren und über die Kartoffeln gießen.

4 Kürbiskerne und Kürbiskernöl ebenfalls über die Kartoffeln geben und alles vermengen.

5 Bei Bedarf noch mit Salz, Pfeffer und Streuwürze abschmecken.

Tipp:

Da Kürbiskernöl die Kartoffeln bräunlich färbt, kann man das Öl auch erst nach dem Anrichten dekorativ über den Kartoffelsalat träufeln.

MANDARINEN-FENCHELSALAT

mit Oliven und Nüssen

Zutaten für 2 Personen:

1 FENCHEL

2 MANDARINEN

2 EL GEHACKTE HASELNÜSSE

1 HANDVOLL OLIVEN

SAFT VON ½ ZITRONE

2 EL OLIVENÖL

STREUWÜRZE, PFEFFER

Zubereitung:

1 Mandarinen schälen und in Spalten zerteilen.

2 Fenchel mit einem scharfen Messer oder einem Gemüsehobel in feine Scheiben schneiden. Mit Zitronensaft beträufeln.

3 Haselnüsse, Oliven und Mandarinenspalten dazu geben.

4 Die Zitrone leicht abreiben und dann auspressen.

5 Alles mit Olivenöl vermengen und mit Streuwürze und Pfeffer abschmecken.

Tipp:

In flachen Salatschälchen anrichten und mit einer Zitronenscheibe garnieren. Dazu leichtes, helles Brot.

LIBANESISCHER TOMATENSALAT
mit Petersilie & Minze

Zutaten für 2 Personen:

4 GROSSE TOMATEN

1 KLEINE ZWIEBEL

1 BUND PETERSILIE

4 PFEFFERMINZBLÄTTER

SAFT VON ½ ZITRONE

2 EL OLIVENÖL

STREUWÜRZE, PFEFFER

Zubereitung:

1 Tomaten in Schnitze schneiden

2 Zwiebel schälen und klein schneiden.

3 Petersilie und Pfefferminze fein hacken.

4 Alle Zutaten mit dem Öl und dem Zitronensaft miteinander vermischen, mit Streuwürze und Pfeffer würzen.

Tipp:

Auf Teller portionieren und als Vorspeise oder Beilage mit gutem hellem Brot servieren.

KOHLRABISALAT
mit Petersilie & gerösteten Sonnenblumenkernen

Zutaten für 2 Personen:

1 KOHLRABI

½ ZITRONE

2 EL ÖL

1 TL STREUWÜRZE

PFEFFER

2 MSP MUSKAT

2 EL GEHACKTE PETERSILIE

2 EL SONNENBLUMENKERNE

3 EL OLIVENÖL

SALZ

Zubereitung:

1. Sonnenblumenkerne in einer Pfanne in Öl goldgelb rösten, evtl. leicht salzen.
2. Zitrone auspressen und in eine Salatschüssel geben.
3. Mit Olivenöl, Streuwürze, Muskat und Pfeffer vermischen.
4. Kohlrabi schälen, raspeln, mit der Salatsoße vermischen.
5. Mit gerösteten Sonnenblumenkernen und gehackter Petersilie vermengen. Jeweils 1 EL Sonnenblumenkerne und gehackte Petersilie für die Dekoration übrig lassen.

Tipp:

Auf Teller portionieren und mit gerösteten Sonnenblumenkernen und frischer Petersilie garnieren.
Als Vorspeise oder leichte Hauptspeise mit hellem Brot (z.B. Ciabatta) genießen.

KAROTTEN-APFEL-SALAT
mit gerösteten Sonnenblumenkernen

Zutaten für 2 Personen:

2 GROSSE ÄPFEL

2 GROSSE KAROTTEN

3 EL SONNENBLUMENÖL

1 ZITRONE

PFEFFER

2 EL SONNENBLUMENKERNE

2 EL ÖL

SALZ, STREUWÜRZE

Zubereitung:

1. Sonnenblumenkerne in einer Pfanne in Öl goldbraun rösten, evtl. leicht salzen.
2. Zitrone auspressen und in eine Salatschüssel geben.
3. Karotten schälen und raspeln.
4. Äpfel entkernen und ungeschält dazu raspeln. Sofort unterheben, damit sie nicht braun werden.
5. Sonnenblumenöl, Streuwürze und Pfeffer dazu geben, alles gut vermischen. Bei Raumtemperatur mind. 20 Min. ziehen lassen.

Tipp:

In Teller portionieren und mit den gerösteten Sonnenblumenkernen garnieren. Als Vor- oder Hauptspeise mit gutem Brot servieren.

GOURMET-WILDSALAT MIT SHIITAKE-PILZEN

an Kürbisfeigensenf-Dressing

Zutaten für 2 Personen:

1 KLEINER EICHBLATTSALAT
1 HANDVOLL LÖWENZAHN
1 HANDVOLL BÄRLAUCH
1 EL KÜRBISFEIGENSENF
1 EL ZITRONENSAFT
3 EL APFELSAFT (NATURTRÜB)
2 EL OLIVENÖL
1 TL STREUWÜRZE
200 g SHIITAKE-PILZE
5 EL ÖL
SALZ, PFEFFER

Zubereitung:

1 Eichblattsalat, Löwenzahn und Bärlauch waschen und in mundgerechte Stücke zupfen oder schneiden.

2 Salatdressing: Kürbisfeigensenf, Zitronensaft, Apfelsaft, Olivenöl und Streuwürze in einem Messbecher mit dem Mixstab mischen, bis eine homogene Emulsion entsteht.

3 Pilze in Scheiben schneiden und in einer Pfanne in Öl kräftig anbraten. Miit Salz und Pfeffer würzen.

4 Salatblätter und Kräuter mit dem Dressing vermischen. Auf zwei Teller anrichten und die heißen, gebratenen Pilze darauf verteilen.

Tipp:

Schneiden Sie die Pilze der Länge nach in Scheiben, so bleibt die schöne Pilzform erhalten. Zum Gourmetsalat passt gut ein leichtes, helles Steinmühlenbrot.

BUNTER BOHNENSALAT

mit Zwiebeln, Tomaten und Gewürzgurken

Zutaten für 2 Personen:

200 g GEKOCHTE WEISSE BOHNEN

200 g GEKOCHTE ROTE KIDNEYBOHNEN

3 TOMATEN

1 GELBE PAPRIKA

3 GEWÜRZGURKEN

1 ZWIEBEL

3 EL BALSAMICO

4 EL OLIVENÖL

SALZ, PFEFFER

2 MSP CHILI ODER ROSENSCHARFES PAPRIKAPULVER

Zubereitung:

1 Die gekochten Bohnen in einem Sieb mit Wasser abspülen.

2 Zwiebel, Paprika und Tomaten in kleine Würfel und die Gewürzgurken in Scheibchen schneiden.

3 Alle Zutaten zusammen mit Olivenöl und Essig vermischen, mit Salz, Pfeffer und Rosenpaprika bzw. Chili würzen.

4 Zugedeckt mind. 2 Std. ziehen lassen.

Tipp:

Dieser schmackhafte Bohnensalat kann als Vorspeise, aber auch gut als Hauptmahlzeit mit hellem Brot serviert werden. Natürlich bereichert er das kalte Buffet und eignet sich fürs Picknick.

RADICCHIO-FEIGEN-SALAT
an Kürbisfeigensenf-Dressing

Zutaten für 2 Personen:

1 RADICCHIO

2 FEIGEN

Salatdressing:

1 EL KÜRBISFEIGENSENF

1 EL ZITRONENSAFT

3 EL APFELSAFT (NATURTRÜB)

2 EL OLIVENÖL

1 TL STREUWÜRZE

Zubereitung:

1 Die äußeren Radicchio-Blätter abbrechen und auf einer Platte halbseitig drapieren.

2 Salatdressing: Kürbisfeigensenf, Zitronensaft, Apfelsaft, Olivenöl und Streuwürze in einem Messbecher mit dem Mixstab mischen, bis eine homogene Emulsion entsteht.

3 Die Feigen in Scheiben schneiden und auf dem Salat anrichten.

4 Den restlichen Radicchio-Salat in feine Streifen schneiden und mit dem Salatdressing vermischen. Auf die Platte setzen.

Tipp:

Achten Sie beim Kauf frischer Feigen auf die richtige Reife. Die Früchte sollten weich sein, aber nicht matschig. Eine dunkle Färbung deutet auf Vollreife hin.

SUPPEN

phantasievoll, wohlig warm

Leicht und doch gehaltvoll, originell und doch schnell gemacht – das sind die neuen Suppen! Hier kommen Klassiker wie Omas Brotsuppe zu Ehren, sowie eine exklusive Maronen-Suppe. Lernen Sie ein Süppchen aus Lupinen kennen, dem Eiweiß-Spender, oder eine feine Kreation mit Sellerie und Bananen. Lassen Sie sich überraschen!

ZUCCHINI-LUPINEN-SUPPE
mit Thymian

Zutaten für 2 Personen:

1 ZUCCHINI (ca. 300 g)
1 KLEINE ZWIEBEL
500 ml WASSER
2 EL LUPINENMEHL
50 ml OLIVENÖL
STREUWÜRZE
EINIGE ZWEIGE THYMIAN
SALZ, PFEFFER

Zubereitung:

1 Zucchini in Würfel schneiden.

2 Zwiebel schälen, klein schneiden und in wenig Olivenöl andünsten.

3 Zucchini-Würfel und das Wasser dazu geben. Mit Streuwürze würzen. ca. 15 Min. köcheln lassen, bis das Gemüse gar ist.

4 Lupinenmehl und das restliche Olivenöl dazu geben und alles mit dem Stabmixer fein pürieren.

5 Mit Salz, Pfeffer und Streuwürze abschmecken und mit Thymianzweigen garnieren.

Fitness-Tipp:

Lupinenmehl lässt sich gut unter Ihre Cremesuppen und Pürees heben. Es hat einen leicht nussig-erbsenartigen Geschmack. Lupinen sind ein sehr wichtiger Eiweiß-lieferant in der veganen Ernährung.

SELLERIE-BANANEN-SUPPE
mit Sherry

Zutaten für 2 Personen:

1 KLEINER SELLERIE
1 ZWIEBEL
1 BANANE
750 ml WASSER
1 EL HANFMEHL
50 ml OLIVENÖL
1 EL SHERRY
3 TL STREUWÜRZE
SALZ, PFEFFER

Zubereitung:

1 Sellerie schälen und klein schneiden.

2 Zwiebel schälen, klein schneiden und in Olivenöl glasig dünsten.

3 Selleriewürfel, Wasser und Streuwürze dazu geben, zugedeckt ca. 15 Min. garen.

4 Banane in Scheiben schneiden, dazu geben, Hanfmehl unterrühren und kurz köcheln.

6 Mit dem Pürierstab fein pürieren.

7 Mit Sherry, Salz und Pfeffer abschmecken.

Tipp:

Garnieren Sie die delikate Suppe mit etwas Selleriekraut.

MARONEN-SUPPE
Die exklusive Herbstsuppe

Zutaten für 2 Personen:

250 g GEDÄMPFTE MARONEN

300 ml WASSER

200 ml HAFERSAHNE

1 TL ZUCKER

2 EL ÖL

SALZ, PFEFFER, ZUCKER

Zubereitung:

1 Gedämpfte Maronen grob würfeln.
(Die Maronen kann man fix-fertig kaufen)

2 Mit Zucker in etwas Öl anrösten und karamellisieren lassen.
Mit Wasser ablöschen, aufkochen.

3 Hafersahne dazu geben, nochmals aufkochen.

4 Mit dem Pürierstab pürieren.

5 Mit Salz, Pfeffer und nach Belieben noch etwas Zucker abschmecken.

Tipp:

Eine exklusive Suppe,
mit der man auch Gästen
eine Freude macht.

HOKKAIDO-KÜRBIS-SUPPE
mit Ingwer und Curry

Zutaten für 2 Personen:

Ca. 700 g HOKKAIDO-KÜRBIS
50 g KARTOFFELN
1 KLEINE ZWIEBEL
1 KNOBLAUCHZEHE
1 STÜCK INGWER
1 TL MILDES CURRYPULVER
1 PRISE MUSKAT
3 TL STREUWÜRZE
SALZ, PFEFFER
5 EL ÖL
ca. 700 ml WASSER

Zubereitung:

1 Hokkaido-Kürbis halbieren, Kerne mit einem Esslöffel entfernen, in kleine Stücke schneiden.

2 Kartoffeln schälen und klein schneiden.

3 Zwiebel und Knoblauch schälen, klein schneiden und in Öl dünsten.

4 Ingwer schälen, fein reiben, dazu geben.

5 Kürbis- und Kartoffelwürfel untermischen. Wasser und Streuwürze dazu geben und zugedeckt ca. 30 Min. köcheln lassen, bis das Gemüse weich ist.

6 Mit dem Stabmixer fein pürieren. Mit Salz, Pfeffer und Streuwürze abschmecken.

Tipp:

Wenn Sie Ihren Gästen eine besondere Freude machen wollen, servieren Sie die Suppe in kleinen ausgehöhlten Hokkaido-Kürbissen. Beim Ansatz Deckel abschneiden, mit einem Löffel die Kerne herausnehmen.
Dazu passt helles Brot.

GRÜNE ERBSEN-SUPPE
mit Garam Marsala

Zutaten für 2 Personen:

- 250 g GEFRORENE GRÜNE ERBSEN
- 1 KLEINE ZWIEBEL
- 1 KNOBLAUCHZEHE
- 500 ml WASSER
- 50 ml OLIVENÖL
- 2 TL GARAM MARSALA
- STREUWÜRZE, SALZ, PFEFFER

Zubereitung:

1 Zwiebel und Knoblauch schälen, klein schneiden und in Olivenöl im Topf andünsten.

2 Erbsen, Wasser und Garam Marsala dazu geben. Mit Streuwürze würzen. 10 Min. köcheln lassen.

3 Fein pürieren, mit Salz, Pfeffer und Streuwürze abschmecken.

Tipp:

Die indische Gewürzmischung „Garam Marsala“ gibt der Suppe einen sehr feinen, besonderen Geschmack. Mit dieser grünen Erbsensuppe als Vorspeise kann man darum auch gut seine Gäste überraschen. Mit hellem Brot servieren.

OMAS BROTSUPPE
mit Zucchini & Karotten

Zutaten für 2 Personen:

100 g GEREIFTES BAUERNBROT AUS NATURSAUERTEIG

1 ZWIEBEL

500 ml WASSER

4 EL OLIVENÖL

STREUWÜRZE, PFEFFER

NACH BELIEBEN 1 ZUCCHINI UND 1 KAROTTE ZUM GARNIEREN

Zubereitung:

1 Zwiebel schälen, fein schneiden und in Olivenöl glasig dünsten.

2 Das in kleine Würfel geschnittene Brot dazu geben und ebenfalls leicht rösten.

3 Wasser aufgießen, mit Streuwürze und Pfeffer würzen.

4 Zugedeckt ca. 10 Min. köcheln lassen, dann pürieren und nochmals abschmecken.

5 Mit gebratenen Zucchini- und Karottenstückchen garnieren.

Tipp:

Diese Suppenidee kann als Grundlage dienen für weitere Suppenvarianten wie z.B. die Frühlings-Brotsuppe auf der nächsten Seite.

FRÜHLINGS-BROTSUPPE
mit grünem Löwenzahn

Zutaten für 2 Personen:

- 2 SCHEIBEN NATUR-SAUERTEIG-BAUERNBROT
- 1 ZWIEBEL
- 500 ml WASSER
- 4 EL OLIVENÖL
- 2 HANDVOLL LÖWENZAHN
- STREUWÜRZE, PFEFFER

Zubereitung:

1. Zwiebel schälen, fein schneiden und in Olivenöl glasig dünsten.
2. Das in kleine Würfel geschnittene Brot dazu geben und ebenfalls leicht rösten.
3. Wasser aufgießen, mit Streuwürze und Pfeffer würzen.
4. Zugedeckt ca. 10 Min. köcheln lassen, dann pürieren und nochmals abschmecken.
5. Löwenzahn klein schneiden und dazu geben. Nochmals kurz köcheln lassen.

Tipp:

Wem der Löwenzahn zu bitter ist, der kann natürlich auch andere Kräuter oder Wildkräuter verwenden, z.B. Schnittlauch, Bärlauch, Brennnessel-Blätter...

HAUPTSPEISEN

kreativ und voller Geschmack!

Entdecken Sie den unerschöpflichen geschmacklichen Reichtum der Früchte der Natur! Aus vitalstoffreichen Wildkräutern wie Bärlauch, Brennnessel, Giersch oder Gundermann lassen sich fein-würzige Gourmet-Gerichte zaubern. Für Vitalität und Energie sorgen eiweißreiche Lupinen, Kichererbsen und Mungobohnen. Ausgewählte Nüsse, Samen und Gemüsesorten mit ihren vielen aufbauenden Inhaltsstoffen runden die Palette kulinarischer Köstlichkeiten ab - Fitness-Küche vom Feinsten!

ASIATISCHE CURRY-GEMÜSEPFANNE
an Kokossoße mit Mungobohnen

Zutaten für 2 Personen:

- 100 g GETR. MUNGOBOHNEN
- 1 ROTE PAPRIKA
- 1 ZUCCHINI
- 1 KAROTTE
- 1 HANDVOLL FRISCHER SPINAT
- 150 g SHIITAKE-PILZE
- 1 KNOBLAUCHZEHE
- 1 KLEINES STÜCK INGWER
- ½ FRISCHE CHILISCHOTE (ODER 2 MESSERSPITZEN GETR. CHILI)
- 200 ml KOKOSMILCH
- 200 ml WASSER
- ÖL
- CURRY, STREUWÜRZE
- GEMÜSEBRÜHE

Zubereitung:

1. Die Mungobohnen in einem Sieb gut waschen und in Gemüsebrühe ca. 25-30 Min. kochen.
2. Während die Mungobohnen garen, Knoblauch und Ingwer schälen und in kleine Würfel schneiden.
3. Paprika, Zucchini und Karotte in Streifen schneiden, Chilischote in Scheibchen.
4. Spinat waschen und gegebenenfalls Wurzeln abschneiden.
5. Shiitake-Pilze so in Scheiben schneiden, dass die Pilzform bewahrt wird.
6. Shiitake-Pilze im Wok in etwas Öl kurz anbraten.
7. Das restliche Gemüse (außer Spinat) sowie Knoblauch und Ingwer dazu geben und unter ständigem Wenden bei hoher Temperatur kurz mit braten.
8. Kokosmilchwasser und Curry dazu geben, mit Streuwürze abschmecken und alles köcheln lassen, bis das Gemüse „al dente“ ist. Zum Schluss den Spinat untermischen und das Gemüse nochmals aufkochen lassen.

PIKANTE REIS-DINKEL-TÖRTCHEN
an Bärlauch-Spinat

Zutaten für 2 Personen:

- 100 g BASMATIREIS
- 100 g KOCHDINKEL
- 2 KNOBLAUCHZEHEN
- 2 ZWEIGE FRISCHER ROSMARIN
- OLIVENÖL
- 500 g FRISCHER BÄRLAUCH
- SALZ, PFEFFER, STREUWÜRZE
- 2 TL PAPRIKAPULVER

Tipp:

Serviert als Schichttörtchen können Sie Ihren Gästen eine besondere Freude machen. **Variante:** Als schnelles Pfannengericht, wenn man noch Reis und/ oder Kochdinkel vom Vortag hat. Außerhalb der Bärlauch-Saison Blattspinat verwenden und mit Bärlauch-Pesto verfeinern.

Zubereitung:

1 Basmatireis und Kochdinkel getrennt voneinander in Salzwasser garen. Der Basmatireis braucht ca. 10 Min., Kochdinkel ca. 30 Min. Eine besonders schöne Farbe bekommt der Kochdinkel, wenn man das Kochwasser mit 2 TL Paprikapulver färbt.

2 **Variante Pfannengericht:** 4 El Olivenöl in einer Pfanne erwärmen. Knoblauchzehen mit dem Messerrücken zerdrücken und mit dem Rosmarinzweig in die Pfanne geben. Bei niedriger Temperatur Öl aromatisieren. Die zwei Reissorten in der Pfanne mit dem aromatisierten Öl mischen, kurz braten, mit Salz und Pfeffer verfeinern.

3 **Variante Reis-Dinkel-Törtchen:** Schichtweise den heißen, gekochten Dinkelreis und Basmatireis in eine runde Form einfüllen, jeweils festdrücken. Dann das Törtchen herausschieben oder stürzen, auf Teller servieren. In einer Pfanne 6 EL Öl mit Knoblauch und Rosmarin aromatisieren, mit Salz und Pfeffer verfeinern. Das heiße Öl über die Törtchen verteilen.

4 Bärlauch waschen und grob zerkleinern, mit dem übrigen Olivenöl kurz dünsten. Mit etwas Wasser ablöschen und bei mittlerer Temperatur den Bärlauch zusammenfallen lassen. Mit Salz, Pfeffer und Streuwürze abschmecken.

BOHNENEINTOPF
nach mediterraner Art

Zutaten für 2 Personen:

- 1 KLEINE LAUCHSTANGE
- 2 MITTLERE KAROTTEN
- 2 MITTLERE KARTOFFELN
- 1 KLEINES STÜCK WEISSKOHL
- 1 KNOBLAUCHZEHE
- 250 g GEKOCHTE, GROSSE WEISSE BOHNEN
- 2 EL STREUWÜRZE
- SALZ, PFEFFER
- 2 LORBEER-BLÄTTER
- 2 NELKEN
- 1 SCHUSS SHERRY
- 1 HANDVOLL FRISCHE PETERSILIE

Zubereitung:

1. Lauch und geschälte Karotten in Scheiben, Weißkohl in Streifen schneiden. Kartoffeln schälen und würfeln.
2. Das geschnittene Gemüse zusammen mit der Streuwürze, der zerdrückten Knoblauchzehe, den Nelken und Lorbeerblättern in einen Topf geben. Mit Wasser knapp bedecken.
3. Langsam köcheln lassen, bis das Gemüse fast gar ist.
4. Die gekochten weißen Bohnen dazu geben, mischen. Weiter köcheln lassen, bis das Gemüse gar ist.
5. Mit Sherry, Salz, Pfeffer und Streuwürze abschmecken.
6. Zum Schluss die fein gehackte Petersilie unterziehen.

KICHERERBSEN-EINTOPF
mit Blattspinat und Tomaten

Zutaten für 2 Personen:

200 g GEKOCHTE KICHERERBSEN
2 ZWIEBELN
1 KAROTTE
2 FLEISCHTOMATEN
300 g BLATTSPINAT
2 KNOBLAUCHZEHEN
4 EL OLIVENÖL
STREUWÜRZE
SALZ, PFEFFER
FRISCHER ROSMARINZWEIG

Zubereitung:

1 Zwiebeln, Knoblauch und Karotte schälen, in kleine Würfel schneiden und in Olivenöl andünsten.

2 Tomaten ebenfalls würfeln, dazu geben und kurz mitdünsten. Dann Kichererbsen dazufügen.

3 Mit kochendem Wasser übergießen, bis alles gut bedeckt ist. Mit Streuwürze würzen. Rosmarinzweig dazu geben. 5 Min. köcheln lassen.

4 Gewaschenen und klein geschnittenen Blattspinat unterheben und 2 Min. mit kochen lassen.

5 Nach Belieben mit Salz und Pfeffer abschmecken.

Fitness-Tipp:
Kichererbsen liefern jede Menge Proteine, was sie zum idealen Bestandteil der gesunden Fitness-Küche macht. Sie sind zudem reich an wertvollen B-Vitaminen und Mineralstoffen und spenden somit Vitalität und Wohlbefinden.

LINSEN BOLOGNESE
mit Karotten & Sellerie

Zutaten für 2 Personen:

1 KLEINES STÜCK SELLERIE

1 KLEINE KAROTTE

1 ZWIEBEL

1 KNOBLAUCHZEHE

2 EL SONNENBLUMENKERNE KLEINGEHACKT

200 g GEKOCHTE ROTE ODER GELBE LINSEN

400 g TOMATEN

50 ml ROTWEIN

4 EL OLIVENÖL

2 ZWEIGE ROSMARIN

1 LORBEERBLATT, 1 NELKE

2 TL THYMIAN

SALZ, PFEFFER, NACH GESCHMACK CHILI

Zubereitung:

1 Sellerie in kleine Würfel, Karotte in Scheibchen schneiden.

2 Zwiebel und Knoblauch schälen, klein schneiden und zusammen mit den Sonnenblumenkernen in Olivenöl dünsten.

3 Gemüse-Würfel dazu geben und mit braten, bis sie bissfest sind.

4 Gekochte Linsen, Rosmarin, Nelke und Lorbeerblatt untermischen und ebenfalls anbraten.

5 Salzen und mit Rotwein ablöschen.

6 Kleingeschnittene Tomaten dazu geben und alles zusammen mindestens 5 Min. köcheln lassen. Je nach Bedarf noch etwas Wasser zugeben.

7 Mit Salz, Pfeffer und Chili abschmecken.

Tipp:

Als Eintopf mit hellem Brot servieren. Ein feines Gericht, das auch Kinder sehr mögen, wenn es nicht zu scharf gewürzt ist. Schmeckt köstlich auch als Spaghettisoße oder als Bolognesefüllung für Lasagne.

ARABISCHER AUBERGINENAUFLAUF
mit Kichererbsen & Tomaten

Zutaten für 2 Personen:

- 1 kg AUBERGINEN
- 3 ZWIEBELN
- 250 g GEKOCHTE KICHERERBSEN
- 1 kg TOMATEN (z.B. EIERTOMATEN)
- 250 ml OLIVENÖL
- 375 ml GEMÜSEBRÜHE
- SALZ
- CAYENNEPFEFFER

Zubereitung:

1. Auberginen waschen, Stängelansatz entfernen, ungeschält in größere Würfel schneiden.
2. 125 ml Olivenöl erhitzen und die Auberginen-Würfel darin anbraten, bis sie leicht braun sind. Mit Salz und Pfeffer würzen. In eine Auflaufform geben.
3. Zwiebeln schälen, in Scheiben schneiden und in etwas Olivenöl dünsten. Leicht salzen. Über die Auberginen-Würfel verteilen. Das restliche Öl darüber gießen.
4. Die gekochten Kichererbsen darüber verteilen, leicht mischen.
5. Tomaten vierteln und am Rand der Form gleichmäßig auslegen.
6. Die Gemüsebrühe darüber gießen und im auf 200° C vorgeheizten Backofen bei Umluft ca. 25 Min. backen.

ZUCCHINI IM AMARANTH-MANTEL
mit würzigem Kapern-Dip

Zutaten für 2 Personen:

2 ZUCCHINI
50 g GEPOPPTER AMARANTH
3 EL HELLES WEIZEN- ODER DINKELMEHL
Ca. 4 EL WASSER
1 TL THYMIAN
SALZ
ÖL

Kapern-Dip:

1 GLAS VEGANE MAYONNAISE Z.B. IBI-NAISE (180 g)
1 EL MITTELSCHARFER SENF
1 KLEINE ZWIEBEL
1 TOMATE
2 EL KAPERN
1 GROSSE GEWÜRZGURKE

Zubereitung:

1 Zucchini schräg in 0,5 cm dicke Scheiben schneiden, salzen und 10 Min. stehen lassen, bis sie Wasser ziehen.

2 Dann im Mehl wenden.

3 Das restliche Mehl mit Thymian, etwas Salz und Wasser vermischen, bis ein flüssiger Teig entsteht.

4 Die bemehlten Zucchinischeiben in den Mehlteig tauchen und anschließend im gepoppten Amaranth wenden. Leicht andrücken.

5 Im heißen Öl in der Pfanne bei mittlerer Hitze von beiden Seiten goldbraun braten.

6 ***Kapern-Dip:***
Zwiebel, Tomate und Gewürzgurke in kleine Würfel schneiden. Mit Kapern, Senf und veganer Mayonnaise mischen.

Tipp:

Diese feinen Knusperzucchini mit dem köstlichen Kapern-Dip können heiß oder kalt als Vorspeise serviert werden. Indem man die Menge verdoppelt, wird daraus eine Hauptspeise.

TOPINAMBUR AUS DEM OFEN

an Olivenöl mit Rosmarin

Zutaten für 2 Personen:

900 g TOPINAMBUR

OLIVENÖL

ROSMARIN

STREUWÜRZE

PFEFFER

Zubereitung:

1 Topinambur waschen, halbieren und mit der aufgeschnittenen Seite nach oben auf ein eingeöltes Backblech setzen.

2 Mit Olivenöl einpinseln, dann mit Streuwürze, frisch gemahlenem Pfeffer und etwas Rosmarin würzen.

3 Im vorgeheizten Backofen bei 180° C Umluft 10 - 15 Min. goldbraun backen.

4 Schmeckt köstlich mit einem feinen Dip.
Ein Kapern-Dip-Rezept finden Sie z.B. auf der Seite 64.
Dazu Feldsalat und ein leichtes Brot reichen.

Fitness-Tipp:

Die Topinamburknolle hat mit ihrem nussigen Geschmack in den letzten Jahren sehr an Beliebtheit gewonnen. Nicht zuletzt wegen des Ballaststoffes Inulin, das die Knolle zum wahren Diätmittel macht. Inulin sorgt unter anderem für eine gute Verdauung.
Die Topinambur enthält zusätzlich hohe Anteile an Mineralstoffen wie Kalium und Eisen.

GRILL-GEMÜSE
auf Bohnenpüree-Spiegel

Zutaten für 2 Personen:

2 KAROTTEN

1 ROTE PAPRIKA

1 GELBE PAPRIKA

2 ZUCCHINI

STREUWÜRZE

FRISCH GEMAHLENER PFEFFER

OLIVENÖL

Bohnenpüree:

1 DOSE WEISSE BOHNEN

1 ZWIEBEL

1 KNOBLAUCHZEHE

50 ml OLIVENÖL

1 TL THYMIAN

1 MSP CHILI

Zubereitung:

1 Karotten schälen, Paprika putzen.

2 Zucchini und Karotten schräg in ca. 0,5 cm dicke Scheiben schneiden. Paprika in ähnlich große Stücke.

3 Gemüse in der Pfanne in heißem Olivenöl nacheinander braten. Die Gemüse haben unterschiedliche Garzeiten: am längsten brauchen die Karottenscheiben.

4 Das gebratene Gemüse jeweils mit Streuwürze und etwas Pfeffer abschmecken.

Für das Bohnenpüree:

5 Zwiebel und Knoblauch schälen, klein schneiden und in der Pfanne in etwas Öl mit dem Thymian anbraten.

6 Bohnen im Sieb abspülen und mit den gebratenen Zwiebeln und dem Olivenöl pürieren. Mit Salz und Chili abschmecken.

SPARGEL-LINSENPFANNE

mit frischem Giersch

Zutaten für 2 Personen:

- 250 g SPARGEL
- 300 g GIERSCH (AUS DEM GARTEN ODER IN DER NATUR GESAMMELT)
- 2 FRÜHLINGSZWIEBELN
- 150 g GEKOCHTE LINSEN (AUCH VOM VORTAG)
- 2 KNOBLAUCHZEHEN
- OLIVENÖL
- SALZ, PFEFFER

Zubereitung:

1 Spargel schälen und in schräge Streifen schneiden.

2 Giersch und Frühlingszwiebeln klein schneiden. Knoblauch schälen und hacken.

3 Spargel und geschnittene Frühlingszwiebeln in Olivenöl anbraten.

4 Giersch und Knoblauch dazu geben und kurz mitbraten, dann mit etwas Wasser angießen und mit Salz und Pfeffer würzen. Zugedeckt ca. 7 Min. garen lassen.

5 Die gekochten Linsen untermischen und nochmals abschmecken.

Tipp:

Viele Linsen haben eine kurze Kochzeit. Schmackhafte Linsen gibt es in vielen verschiedenen Farben. Variieren Sie damit.

Was ist Giersch? Wo finde ich Giersch?

Giersch ist ein wohlschmeckendes Wildgemüse. Giersch kann als Salat oder Gemüse zubereitet werden. Er erinnert in Geruch und Geschmack ein wenig an Petersilie, gekocht hingegen an Spinat. Er enthält viel Kalium, Vitamin C, Karotin und Eisen. (Beim Sammeln nicht verwechseln mit ungenießbaren und giftigen Arten wie Gefleckter Schierling oder Breitblättriger Merk.)
Giersch lässt sich gut am dreikantigen Blattstiel erkennen, wobei eine Kante abgerundet und die gegenüberliegende Seite konkav eingezogen ist.
Als Salat eignen sich vor allem die jungen Blätter.

SPAGHETTI
mit Zitronen-Basilikum-Soße

Zutaten für 2 Personen:

300 g SPAGHETTI

200 ml HAFERSAHNE

3 EL OLIVENÖL

1 UNBEHANDELTE ZITRONE

EINIGE ZWEIGE FRISCHES BASILIKUM

SALZ, PFEFFER

Zubereitung:

1 Zitrone abreiben und halbieren.

2 Die eine Hälfte der Zitrone in 3 Liter sprudelnd kochendes Salzwasser geben. Die Spaghetti in diesem Salzwasser al dente kochen.

3 Olivenöl mit dem Zitronenabrieb in einer Pfanne leicht erhitzen. Dann den Saft der zweiten Zitronenhälfte und etwas Nudelkochwasser dazu geben.

4 Sobald es kocht, die Hafersahne unterrühren, leicht erhitzen.

5 Mit Salz und Pfeffer abschmecken und mit den von Hand klein gezupften Basilikum-Blättchen verfeinern.

6 Die al dente gekochten Spaghetti abgießen und gleich mit der heißen Zitronensoße vermischen.
Sofort servieren. Mit frischem Basilikum garnieren.

Tipp:

Statt frischem Basilikum können Sie auch ein gutes Basilikum-Pesto verwenden.

SPAGHETTI MIT SHIITAKE-PILZEN, *Hokkaido & Rucola*

Zutaten für 2 Personen:

- 300 g SPAGHETTI
- 150 g SHIITAKE-PILZE
- 150 g HOKKAIDO-KÜRBIS
- 50 g RUCOLA
- OLIVENÖL
- 1 KNOBLAUCHZEHE
- 200 ml HAFERSAHNE
- SALZ, PFEFFER

Zubereitung:

1 Spaghetti in reichlich kochendem Salzwasser al dente kochen.

2 Shiitake-Pilze so in Scheibchen schneiden, dass man noch die Pilzform sieht.

3 Hokkaido-Kürbis ungeschält in kleine Würfel schneiden.

4 Knoblauchzehe schälen, grob schneiden.

5 Alles in Olivenöl braten. Mit Salz und Pfeffer abschmecken und mit der Hafersahne aufgießen. Kurz aufkochen lassen.

6 Spaghetti in ein Sieb abgießen und gleich mit dem Gemüse und dem grob geschnittenen Rucola vermischen.

Fitness-Tipp:

In Asien wird der Shiitake-Pilz aufgrund seiner wertvollen Inhaltstoffe schon seit Jahrhunderten als "König unter den Pilzen" betrachtet. Dieser aromatische Pilz liefert hochwertiges Eiweiß, Kupfer und B-Vitamine.
Auch geschmacklich sind Shiitake-Pilze eine echte Bereicherung der herzhaften Fitness-Küche.

SPAGHETTI MIT FRISCHEN BRENNNESSELN *und Walnüssen*

Zutaten für 2 Personen:

300 g SPAGHETTI

2 HANDVOLL FRISCHE JUNGE BRENNNESSELN

150 g GERÄUCHERTE VEGGIE-WURST AUS WEIZEN

50 g WALNÜSSE

1 KNOBLAUCHZEHE

50 ml OLIVENÖL

SALZ, PFEFFER

Zubereitung:

1 Spaghetti in kochendem Salzwasser al dente kochen.

2 Die Brennnesseln mit heißem Wasser überbrühen und klein schneiden. Ein paar der überbrühten Blätter für die Dekoration aufheben.

3 Knoblauch grob schneiden und mit der klein gewürfelten vegetarischen Wurst in Olivenöl anbraten.

4 Die Walnüsse grob hacken und kurz mit braten.

5 Gehackte Brennnessel hinzufügen. Alles kräftig mit Salz und Pfeffer abschmecken.

6 Heiße Spaghetti unterheben und sofort servieren.

Tipp:

In tiefen Tellern servieren, mit Walnüssen und ganzen, überbrühten Brennnesselblättern dekorieren.

SPAGHETTI CALABRESE
mit Zwiebeln, Zucchini & Pinienkernen

Zutaten für 2 Personen:

300 g SPAGHETTI

2 ZUCCHINI

1 ROTE ZWIEBEL

2 EL PINIENKERNE

6 EL OLIVENÖL

SALZ, PFEFFER

1 HANDVOLL PETERSILIE

Zubereitung:

1 Spaghetti in reichlich kochendem Salzwasser al dente kochen.

2 Zwiebel schälen, halbieren und in feine Scheibchen schneiden. Zucchini in kleine Würfel schneiden. Petersilie hacken.

3 Zwiebel-Scheibchen, Zucchini-Würfel und Pinienkerne in Olivenöl braten, mit Salz und Pfeffer abschmecken.

4 Die frisch gekochten Spaghetti mit der gehackten Petersilie und dem gebratenen Gemüse vermischen.

Tipp:

Auf Teller portionieren und mit klein gezupften Petersilienblättchen garnieren.

LEICHTE PIZZA-VARIATIONEN
auf Fladenbrot

Zutaten für 2 Personen:

2 FLADENBROTE (Z.B. KRÄUTERFLADEN, OLIVENFLADEN....)

Ca. 330 g FERTIG GEWÜRZTE TOMATENSOSSE

Belag:

Variante 1:
TOMATENSCHEIBEN, SCHWARZE OLIVEN, OREGANO

Variante 2:
VEGGIE-WURSTSCHEIBEN, ZWIEBELSTÜCKCHEN, KAPERN, SCHWARZE OLIVEN

Variante 3:
SHIITAKE-PILZE, ZWIEBELN, PFEFFER

Variante 4:
ROTE UND GELBE PAPRIKA-STREIFEN, ZUCCHINI-SCHEIBCHEN, STREUWÜRZE

Zubereitung:

1 Backofen auf 200° C vorheizen (Umluft).

2 Fladenbrote halbieren, so dass sie je zwei "Pizzaböden" ergeben.

3 Gewürzte Tomatensoße auf die vier Böden verteilen und verstreichen.

4 Mit den gewünschten Zutaten belegen.

5 Im vorgeheizten Ofen bei 200° C ca. 5 - 10 Min. backen.

Tipp:

Diese schnell zubereiteten Fladenpizzas schmecken sowohl heiß, direkt aus dem Ofen, als auch kalt. Dazu kann man einen einfachen gemischten Salat servieren. In Dreiecke geschnitten eignen sich diese Pizzas auch als »Gruß aus der Küche« für Gäste, z.B. zum Aperitif. Auch Fitnessbegeisterte essen gerne einmal Pizza, käsefrei und mit frischem Gemüse.

POLENTA-SCHNITTEN
in Salbei-Kokosfett auf Bohnengemüse

Zutaten für 2 Personen:

Bohnengemüse:

- 1 ZWIEBEL, 1 KAROTTE
- 1 STANGE LAUCH
- 1 KNOBLAUCHZEHE
- 300 g GEKOCHTE WEISSE BOHNEN
- 400 g GEKOCHTE KIDNEYBOHNEN
- 400 g TOMATEN
- 1 ROSMARINZWEIG
- 2 LORBEERBLÄTTER
- 1 NELKE, SALZ, PFEFFER
- 1 MSP CHILI, ÖL

Polenta:

- 100 g FEINER MAISGRIESS
- 400 ml SALZWASSER
- 2 EL OLIVENÖL, KOKOSFETT
- SALBEIBLÄTTER

Zubereitung Bohnengemüse:

1. Zwiebel und Karotte in kleine Würfel schneiden, Lauch in Scheibchen.
2. Gemüse mit einer zerdrückten Knoblauchzehe in wenig Öl anbraten.
3. Bohnen zum Gemüse geben, ebenfalls die klein geschnittenen Tomaten, Rosmarin, Lorbeerblätter, Chili, Nelke und bei Bedarf ein wenig Wasser.
4. Einige Minuten köcheln lassen und mit Salz, Pfeffer und Chili abschmecken.

Zubereitung Polenta:

1. Salzwasser mit dem Olivenöl zum Kochen bringen.
2. Vom Herd nehmen und den Maisgrieß mit einem Schneebesen einrühren.
3. Bei Schnellkochmais genügt es, den Polentabrei noch einige Minuten zugedeckt ziehen zu lassen. Bei gröberem Maisgrieß ca. 10 Minuten (Verpackungsangaben beachten) köcheln lassen und dabei regelmäßig mit einem Holzlöffel umrühren.
4. Den fertigen Brei auf einem befeuchteten Backblech verteilen und glatt streichen. Abkühlen lassen.
5. Die erkaltete Polenta in Stücke z.B. in Dreiecke schneiden.
6. Die Polentaschnitten in Kokosfett mit einigen Salbeiblättern bei mittlerer Hitze beidseitig knusprig braten.

KARTOFFEL-WEDGES

fein gewürzt

Zutaten für 2 Personen:

750 g KARTOFFELN

50 ml OLIVENÖL

1 TL SALZ

Zutaten für die Gewürzmischung:

1 TL GEMAHLENER PFEFFER

1 TL KNOBLAUCHPULVER

5 TL PAPRIKA EDELSÜSS

1 TL KÜMMELPULVER

1 TL MUSKATPULVER

Zubereitung:

1 Am Vortag die Kartoffeln mit der Schale kochen.

2 Die verschiedenen Gewürze für das Wedges-Gewürz mischen. Die Mischung reicht für mehrere Male.

3 Die kalten Pellkartoffeln ungeschält der Länge nach in schmale Schnitze schneiden.

4 Die Kartoffelschnitze in einer Schüssel mit dem Olivenöl, dem Salz und 1 gehäuften EL der Wedges-Gewürzmischung vorsichtig vermengen, bis die Marinade die Kartoffelschnitze gleichmäßig überzogen hat.

5 Auf ein Backblech verteilen und ca. 10 Min. im auf 200° C vorgeheizten Backofen braten.

Tipp:

Servieren Sie die Wedges mit verschiedenen Dips, von erfrischend bis scharf, von deftig bis süß-sauer. Eine gute Grundlage für Dips sind cremige, pflanzliche Brotaufstriche, verfeinert mit frischen Zutaten. (Siehe auch nächste Seite).

DIP-VARIATIONEN
vielseitig zu genießen

Zutaten für 2 Personen:

Curry-Bananen-Dip

- 1 GLAS VEGANER CURRY-BROTAUFSTRICH
- 1 BANANE
- ½ TL INDISCHER CURRY

Würziger Paprika-Dip

- 1 GLAS VEGANER BROTAUFSTRICH MIT PAPRIKA
- 100 ml TOMATENSOSSE
- ½ KLEINE ZWIEBEL
- ½ KLEINE ROTE PAPRIKA

Feiner Kräuter-Dip

- 1 GLAS VEGANER KRÄUTER-AUFSTRICH
- KRÄUTER DER SAISON Z.B. PETERSILIE, SCHNITTLAUCH ETC.
- SAFT EINER HALBEN ZITRONE, WASSER

Zubereitung:

Curry-Bananen-Dip

1 Banane in einer Schüssel mit einer Gabel zerdrücken.

2 Banane mit dem veganen Curry-Brotaufstrich, Curry und 1 Spritzer Wasser vermischen.

Würziger Paprika-Dip

1 Zwiebel schälen und fein schneiden, Paprika ebenfalls wie die Zwiebel klein schneiden.

2 Zusammen mit dem veganen Paprikaaufstrich und der Tomatensoße mischen.

Feiner Kräuter-Dip

1 Die Kräuter fein hacken und alle Zutaten zusammen mit dem veganen Kräuteraufstrich in einer kleinen Schüssel vermischen.

HOKKAIDO-KÜRBISKRAUT
mit Meerrettich & Majoran

Zutaten für 2 Personen:

250 g HOKKAIDO-KÜRBIS
1 ZWIEBEL
2 TL MEERRETTICH
100 ml HAFERSAHNE
5 EL ORANGENSAFT
1 TL MAJORAN
5 EL BRATÖL
SALZ, PFEFFER

Zubereitung:

1 Hokkaido-Kürbis grob raspeln.

2 Zwiebel schälen, in feine Streifen schneiden und in Öl glasig dünsten.

3 Das geraspelte Kürbisfleisch dazugeben und bei schwacher Hitze ca. 12 Min. dünsten, gelegentlich umrühren.

4 Hafersahne, Orangensaft, Meerrettich und Majoran dazu geben und mit Salz und Pfeffer abschmecken. Gut erhitzen.

Tipp:

Das Hokkaido-Kürbiskraut mit Nudeln, Reis oder Kartoffeln servieren, oder auch einfach nur mit einem guten hellen Brot. Natürlich passt auch ein grüner Salat, z.B. Feldsalat, sehr gut dazu.

LUPINENBRATLINGE AN KARTOFFELPÜREE

mit Pastinaken, Karotten & Lauch

Lupinenbratlinge
Zutaten für 4 Personen:

50 g LUPINENSCHROT ODER LUPINENMEHL
100 g HAFERFLOCKEN
1 EL MEHL
2 EL HEFEFLOCKEN
1 KL. ZWIEBEL
1 KL. KAROTTE
170 ml WASSER
1 TL PAPRIKA EDELSÜSS
1 KNOBLAUCHZEHE
SALZ
BRATÖL

Zubereitung der Lupinenbratlinge:

1 Lupinenschrot, Haferflocken, Mehl, Hefeflocken, klein gehackten Knoblauch und Paprika mit dem Wasser verrühren.

2 Mit Salz abschmecken, 5 Min. ziehen lassen.

3 Öl in einer Pfanne erhitzen. Je zwei gehäufte EL der Teigmasse in die Pfanne geben, mit dem Wender flach drücken.

4 Bratlinge beidseitig auf mittlerer Hitze goldbraun braten. Die fertigen Bratlinge warm stellen.

Die Beilagen-Rezepte finden Sie auf den nächsten Seiten

SHIITAKE-PILZE
in Tomatensoße

Zutaten für 4 Personen:

- 200 g SHIITAKE-PILZE
- 1 KL. ZWIEBEL
- 5 EL ÖL
- 100 g TOMATENMARK
- ½ TL OREGANO
- SALZ

Zubereitung Shiitake-Pilze mit Soße:

1. Shiitake-Pilze so schneiden, dass die Pilzform erhalten bleibt.
2. Zwiebel schälen, klein schneiden und zusammen mit den geschnittenen Pilzen in Öl anbraten. Mit Streuwürze abschmecken.
3. Tomatenmark dazu geben und nach und nach Wasser einrühren, bis die Soße die gewünschte Konsistenz hat. Mit Salz und Oregano abschmecken.

KARTOFFEL-PÜREE
mit Mandelmilch

Kartoffelpüree
Zutaten für 4 Personen:

- 800 g MEHLIG KOCHENDE KARTOFFELN
- 250 ml UNGESÜSSTE MANDELMILCH
- SALZ

Tipp:

Wer den Aufwand scheut, das Kartoffelpüree selbst zu machen, kann natürlich auch ein Kartoffelpüree zum Anrühren verwenden.

Zubereitung Kartoffelpüree:

1. Kartoffeln schälen, waschen, in Stücke schneiden und in Salzwasser zugedeckt ca. 20 Min. kochen.
2. Mandelmilch in einem Topf erhitzen.
3. Kartoffeln abgießen und mit einem Kartoffelstampfer zerdrücken.
4. Die heiße Mandelmilch dazu gießen bis ein glatter Brei entsteht. Zum Schluss mit Salz und nach Wunsch etwas Muskatnuss abschmecken.

PASTINAKEN
in Kokosöl gegart

Zutaten für 4 Personen:

1 GROSSE PASTINAKE
KOKOSÖL
STREUWÜRZE

Zubereitung Pastinaken:

Die Pastinake schälen und in Stifte schneiden.
In Kokosöl auf schwacher Flamme garen.
Mit Streuwürze abschmecken.

KAROTTEN
mit Zucker glasiert

Zutaten für 4 Personen:

2 KAROTTEN
1 TL ROHZUCKER
ÖL
STREUWÜRZE

Zubereitung Karotten:

Die Karotten schälen und in Scheibchen schneiden.
In Gemüsebrühe zugedeckt garen.
Zum Schluss die Brühe abgießen.
Tipp: Wer die Karotten besonders süß mag, kann sie noch in einer Pfanne mit 1 TL Zucker karamellisieren.

LAUCHSTANGEN

Zutaten für 4 Personen:

1 LAUCHSTANGE
ÖL
STREUWÜRZE

Zubereitung Lauchstangen:

Die Lauchstange der Länge nach halbieren und in Stücke schneiden.
In etwas Gemüsebrühe zugedeckt garen.
Mit Streuwürze bestreuen.

GUNDERMANN-KARTOFFEL-BÄLLCHEN
im Sesammantel

Zutaten für 2 Personen:

500 g KARTOFFELN
2 ZWEIGE GUNDERMANN
SALZ, FRISCHER PFEFFER
1 KNOBLAUCHZEHE
SESAM

Zubereitung:

1 Kartoffeln kochen, pellen und durch eine Kartoffelpresse drücken.

2 Gundermann kleinhacken und mit Olivenöl und gehacktem Knoblauch mit der Kartoffelmasse vermengen. (Wenn kein Gundermann zur Verfügung steht, kann auch Thymian und Rosmarin verwenden werden.)

3 Mit Salz und Pfeffer abschmecken.

4 Kleine Kugeln formen und in Sesam wenden.
Schmeckt wunderbar zu einem bunten Salatteller.

Tipp:

Mit Salat und einem erfrischenden oder deftigen Dip servieren (Seite 86).

Was ist Gundermann? Wo finde ich Gundermann?

Der Gundermann wird auch Gundelrebe oder “Wilde Petersilie” genannt. So vielfältig wie wir Petersilie verwenden, kann auch der Gundermann verwendet werden. Er schmeckt nach mediterranen Kräutern wie Thymian und Rosmarin.
Gundermann findet man oft an schattigen Nordhängen, am feuchten Waldrand oder unter alten Obstbäumen.

GEMÜSESTREIFEN AUS DEM OFEN
mit orientalischer Karottencrème

Zutaten für 2 Personen:

- 2 AUBERGINEN
- 2 STANGEN LAUCH
- 2 ROTE BETE
- SESAM
- OLIVENÖL
- STREUWÜRZE

Orientalische Karottencrème:

- 2 MITTLERE KAROTTEN
- 100 g GEKOCHTE WEISSE BOHNEN
- 1 KNOBLAUCHZEHE
- 2 EL ÖL
- 1-2 MSP CHILI
- 1 TL KREUZKÜMMEL
- SALZ

Zubereitung:

1 Alle Gemüse der Länge nach in feine Streifen schneiden und auf ein Backblech legen.

2 Mit einer Mischung aus Öl und Streuwürze marinieren, mit Sesam bestreuen.

3 Im auf 200° C vorgeheizten Ofen ca. 15 Min. backen.

Orientalische Karottencrème:

4 Karotten schälen, in Scheiben schneiden und in Wasser garen.

5 Die gekochten Bohnen und Karotten zusammen mit dem Öl und den Gewürzen mit einem Mixstab pürieren. Nach und nach etwas Wasser dazu geben, bis die Soße die gewünschte Konsistenz hat.
Probieren und nach Geschmack salzen.

Tipp:

Die Gemüsestreifen warm oder kalt mit der Karottencrème und leichtem Brot als Vor- oder Hauptspeise servieren.

GEMÜSENUDELN
mit getrockneten Tomaten & Haselnüssen

Zutaten für 2 Personen:

- 2 ZUCCHINI
- 2 KAROTTEN
- 2 ZWIEBELN
- 4 GETROCKNETE TOMATEN
- 2 EL GEHACKTE HASELNÜSSE
- 1 HANDVOLL ERBSEN FRISCH ODER TIEFGEKÜHLT
- 1 KNOBLAUCHZEHE
- 5 EL OLIVENÖL
- SALZ, PFEFFER

Zubereitung:

1 Karotten und Zucchini mit einem Gemüse-Spiralschneider in Spaghettiform schneiden.

2 Zwiebeln schälen, in Ringe schneiden und zusammen mit den gehackten Haselnüssen in einer Pfanne in Olivenöl anbraten.

3 Die Erbsen und die in Streifen geschnittenen getrockneten Tomaten sowie den fein gehackten Knoblauch dazu geben und mit braten.

4 Karotten- und Zucchinispaghetti und einen Spritzer Wasser hinzufügen. Mit Salz und Pfeffer würzen. Zugedeckt ca. 5 Min. dünsten, bis das Gemüse knackig gar ist.

Tipp:

Ein originelles, farblich und geschmacklich sehr feines Essen. Mit hellem Brot servieren.

GEFÜLLTE PAPRIKA
mit Amaranth an Erdnuss-Tomatensoße

Zutaten für 2 Personen:

80 g AMARANTH

3 ROTE PAPRIKA

1 ZWIEBEL

1 ZUCCHINI

1 KAROTTE

1 KNOBLAUCHZEHE

2 TOMATEN

4 EL OLIVENÖL

STREUWÜRZE, PFEFFER, CHILI

Erdnuss-Tomatensoße

1 KL. DOSE TOMATEN IN STÜCKCHEN

400 ml HEISSES WASSER

3 EL ERDNUSSMUS

SALZ, CHILI

Zubereitung:

1 Amaranth in Gemüsebrühe auf schwacher Flamme garen (Packungsanleitung beachten). Kalt stellen.

2 Zwei Paprika quer halbieren und putzen, so dass vier gleiche Hälften entstehen.

3 Die dritte Paprika, Zucchini, Karotte und Zwiebel in kleine Würfel schneiden. Die Knoblauchzehe schälen und hacken.

4 Gemüsewürfel und Knoblauch in Olivenöl anbraten, bis das Gemüse gar ist. Amaranth untermischen. Tomaten in kleine Würfel schneiden und dazu geben. Mit Streuwürze, Pfeffer und Chili abschmecken.

Erdnuss-Tomatensoße

5 Tomaten, Erdnussmus und heißes Wasser mischen und pürieren. Mit Salz und Chili abschmecken.

6 Die Soße in eine Pfanne geben. Paprikahälften mit dem Gemüse füllen und in die Soße setzen. Bei niedriger Temperatur zugedeckt ca. 20 Min. garen.

ELSÄSSER FLAMMKUCHEN
mit Zwiebel & Paprika

Zutaten für 2 Personen:

80 g WEIZENMEHL

10 ml SONNENBLUMENÖL

Ca. 35 ml WASSER

SALZ

Belag:

1 GLAS VEGANER KRÄUTER-AUFSTRICH

1 ROTE ZWIEBEL

1 ROTE PAPRIKA

STREUWÜRZE, PFEFFER

Tipp:

Genießen Sie den Elsässer Flammkuchen mit frischem Salat.

Zubereitung:

1 Wasser, Salz und Öl vermischen, Mehl dazu geben und zu einem festen Teig kneten. Der Teig darf nicht mehr an den Händen kleben. Mit Mehlmenge oder Wasser variieren, bis der Teig die gewünschte Konsistenz hat.

2 Teig zu einer Kugel formen, mit Frischhaltefolie einwickeln und 30 Min. bei Zimmertemperatur ruhen lassen. Dann den Teig teilen und je von Hand zu runden Fladen formen. Mit dem Nudelholz flach ausrollen. Auf ein Backblech legen. Man kann auch nur einen großen rechteckigen Teig ausrollen, der gut aufs Backblech passt.

3 Kräuteraufstrich mit wenig Wasser anrühren und die Fladen damit bestreichen.

4 Zwiebel schälen und in Ringe schneiden, Paprika in Stückchen. Auf die Flammkuchen verteilen. Mit frischem Pfeffer und wenig Streuwürze bestreuen.

5 Im vorgeheizten Backofen bei 200° C Umluft knusprig backen.

DINKEL-PENNE MIT GRÜNEN ERBSEN, *Zucchini & Brennnesseln*

Zutaten für 2 Personen:

- 250 g DINKEL-PENNE
- 1 ZWIEBEL
- 2 KNOBLAUCHZEHEN
- 200 g ERBSEN, FRISCH ODER TIEFGEFROREN
- 1 KLEINE ZUCCHINI
- 2 HANDVOLL FRISCHE BRENNNESSELN
- 50 ml WEISSWEIN
- 400 ml KOKOSMILCH
- 4 EL OLIVENÖL
- 2 TL THYMIAN
- STREUWÜRZE, PFEFFER

Zubereitung:

1. Dinkel-Penne in reichlich Salzwasser al dente kochen.
2. Zwiebel, Knoblauch und Zucchini klein schneiden und in Olivenöl anbraten.
3. Mit Salz und Thymian würzen.
4. Weißwein dazu geben, kurz köcheln lassen.
5. Erbsen, klein gehackte Brennnesseln und Kokosmilch dazu geben und aufkochen lassen. Mit Streuwürze und Pfeffer abschmecken.

Tipp:

Statt Brennnesseln kann man je nach Jahreszeit auch andere Wildkräuter, Spinat oder fein geschnittenen Feldsalat verwenden.
Penne und Gemüse kann man separat servieren oder schon in der Pfanne mischen.

CREMIGES BRENNNESSEL-RISOTTO

mit Weißwein & Zitrone

Zutaten für 2 Personen:

200 g RISOTTOREIS

2 HANDVOLL FRISCHE JUNGE BRENNNESSELN

50 ml OLIVENÖL

1 ZWIEBEL

1 KNOBLAUCHZEHE

100 ml WEISSWEIN

100 g VEGANE MAYONNAISE z.B. IBI-NAISE

500 ml GEMÜSEBRÜHE

SALZ UND PFEFFER

SCHALE VON EINER ZITRONE

Zubereitung:

1 Zwiebeln und Knoblauch klein schneiden und in Olivenöl andünsten. Den Reis hinzufügen und kurz mit dünsten. Mit Weißwein ablöschen.

2 Etwas heiße Gemüsebrühe zufügen und bei mittlerer Hitze ständig mit einem Holzlöffel rühren, bis fast alle Flüssigkeit aufgebraucht ist. Dann wieder Gemüsebrühe nachgießen und weiter rühren, bis der Reis fast gar ist.

3 Brennnesseln mit heißem Wasser überbrühen und klein schneiden.

4 Die äußere Schale von einer Zitrone abreiben, mit den Brennnesseln unter das Risotto rühren und kurz mitgaren.

5 Vegane Mayonnaise locker mit dem Risotto vermischen und mit Salz und Pfeffer abschmecken.

Fitness-Tipp:

Brennnesseln werden in der veganen Fitness-Küche nicht nur wegen ihrer Vitalstoffe, sondern auch wegen ihres phantastischen Geschmackes geschätzt. Sie liefern sehr viel Eisen. Brennnesseln sind auch für Entgiftungs- und Entschlackungskuren sehr beliebt.

BUNTE HIRSEPFANNE
mit Lauch & Karotte

Zutaten für 2 Personen:

125 g HIRSE

300 ml GEMÜSEBRÜHE

2 KAROTTEN

1 KLEINE LAUCHSTANGE

2 EL GEHACKTE PETERSILIE

OLIVENÖL

1 TL KORIANDER-GEWÜRZ

SALZ, PFEFFER

Zubereitung:

1 Hirse und Koriander in Olivenöl kurz anrösten. Die heiße Gemüsebrühe dazugießen und 10 Min. bei mittlerer Hitze köcheln lassen. Dann Topf von der Platte nehmen und weitere 10 Min. zugedeckt ziehen lassen.

2 In der Zwischenzeit die Karotten schälen und in dünne Stifte schneiden. Lauch waschen und ebenfalls in Stifte schneiden.

3 Gemüse in Olivenöl anbraten, mit Salz, Pfeffer und Koriander würzen und etwas Wasser dazugeben. Bei mittlerer Temperatur garen lassen.

4 Die Hirse dazu geben und mit dem Gemüse mischen. Mit frischer Petersilie dekorieren.

Tipp:
Dazu passt sehr gut Feldsalat mit Kürbis-Feigen-Senf-Dressing (siehe Salate S. 28).

Fitness-Tipp:
Hirse enthält viele Mineralstoffe und Spurenelemente, insbesondere Silicium, Eisen und Magnesium. Zudem ist Hirse ein glutenfreies Getreide.

BUCHWEIZEN-RISOTTO
mit Pak Choi & Karotten

Zutaten für 2 Personen:

120 g BUCHWEIZEN (GESCHÄLT UND GERÖSTET)

250 ml GEMÜSEBRÜHE

MUSKAT, THYMIAN

1 PAK CHOI

1 KAROTTE

1 ROTE ZWIEBEL

5 EL OLIVENÖL

STREUWÜRZE, PFEFFER

Zubereitung:

1 Buchweizen in der Gemüsebrühe mit Muskat und Thymian auf schwacher Flamme zugedeckt gar kochen (Packungshinweise beachten). Öfter umrühren.

2 Sechs Blätter Pak Choi wegnehmen.

3 Den restlichen Pak Choi klein schneiden. Karotte schälen und in dünne Scheibchen schneiden.

4 Zwiebel schälen, halbieren und die Hälften in Scheibchen schneiden. In Olivenöl andünsten. Karotten und Pak Choi dazu geben, mit Streuwürze und Pfeffer würzen, ca. 20 Min. zugedeckt garen.

5 Die sechs Pak Choi-Blätter in eine Pfanne legen und mit kochendem Wasser übergießen. Zugedeckt kurz gar dämpfen. Herausnehmen und mit wenig Salz und Pfeffer würzen.

6 Je drei gedämpfte Pak Choi-Blätter auf einen Teller legen. Das Buchweizen-Risotto mit einem Löffel abstechen und auf die Pak Choi-Blätter drapieren. Das Gemüse dazu servieren.

EIN ETWAS ANDERER SONNTAGSBRATEN
an feiner Rotweinsoße

Zutaten für 2 Personen:

- 250 g GEREIFTES HELLES BROT
- 1 TASSE WARMES WASSER
- 8 EL WEIZENGRIESS
- 2 KL. ZWIEBELN FEIN GEHACKT
- 2 EL ZUCKERMAIS
- ¼ ROTE PAPRIKA IN WÜRFELN
- 2 EL MITTELSCHARFER SENF
- 1 EL PAPRIKAPULVER EDELSÜSS
- 1 EL MAJORAN
- 1 EL STREUWÜRZE
- 3 TOMATEN IN SCHEIBEN

Zutaten für die Marinade:

- 6 EL ROTWEIN, 6 EL WASSER
- 1 EL PAPRIKAPULVER EDELSÜSS
- 2 EL MITTELSCHARFER SENF
- 6 EL ÖL, 1 EL STREUWÜRZE, SALZ, PFEFFER

Zubereitung:

1 Brot fein schneiden, mit Grieß und dem Wasser vermischen.

2 Zwiebeln, Zuckermais, rote Paprika, Kräuter und Gewürze untermischen. Von Hand kneten. Mit Salz und Pfeffer abschmecken.

3 Teig zu einem Braten formen und auf ein gefettetes Backblech (oder in eine Auflaufform) legen. Mit der Rotweinsoße bestreichen. Tomatenscheiben auflegen.

4 Im auf 180° C vorgeheizten Backofen ca. 40 Min. bei Umluft backen. Immer wieder mal mit der Rotweinsoße, die sich auf dem Blech sammelt, bestreichen.

Tipp:

Mit Kartoffelpüree, und Gemüse wie z.B. Karotten und Broccoli servieren. Rezepte dazu finden Sie auf den S. 92 und 93.

AUBERGINENTÜRMCHEN MIT QUINOA
auf Meerrettich-Schnittlauchschaum

Zutaten für 2 Personen:

80 g QUINOA

200 ml GEMÜSEBRÜHE

1-2 AUBERGINEN

1 KL. ROTE PAPRIKA

1 KL. ZUCCHINI

1 TOMATE

1 KNOBLAUCHZEHE

OLIVENÖL

1 GLAS VEGANER MEERRETTICHAUFSTRICH Z.B. IBI-MEERRETTICH (135 g)

½ BUND SCHNITTLAUCH

SALZ, STREUWÜRZE, PFEFFER

Fitness-Tipp:

Quinoa enhält essentielle Aminosäuren und Vitamine in hohen Konzentrationen sowie ein großes Spektrum an Mineralstoffen. Quinoa ist basisch und glutenfrei.

Zubereitung:

1 Quinoa in Gemüsebrühe garen, Verpackungsanleitung beachten.

Zubereitung Meerrettich-Schnittlauchschaum:

2 Veganen Meerrettichaufstrich mit etwas Wasser und klein geschnittenem Schnittlauch mit dem Pürierstab mixen.

Zubereitung Auberginentürmchen:

3 Auberginen quer in ca. 7 mm dicke Scheiben schneiden und in Olivenöl beidseitig anbraten. Auf Haushaltspapier legen.

4 Paprika und Zucchini in kleine Würfel schneiden und mit dem gehackten Knoblauch in Öl dünsten. Zum Schluss die ebenfalls in kleine Würfel geschnittene Tomate dazu geben. Alles mit Streuwürze und Pfeffer abschmecken.

5 Die Auberginenscheiben und die Gemüsewürfel zu Türmchen stapeln und auf Teller anrichten. Quinoa auf einem Spiegel aus Meerrettichschaum servieren.

INDISCHE LUPINEN-PFANNKUCHEN

mit gerösteten Kichererbsen

Zutaten für 2 Personen:

120 g LUPINENSCHROT ODER LUPINENMEHL

100 g HELLES DINKELMEHL

500 ml WASSER

1 TL KREUZKÜMMEL

1½-2 TL SCHWARZKÜMMEL

1 TL GARAM MARSALA

½ TL PIMENT

1 TL PAPRIKA EDELSÜSS

½ TL MILDES CURRY

SALZ, ÖL

Zutaten geröstete Kichererbsen:

200 g GEKOCHTE KICHERERBSEN

2 EL ÖL

JE 1 PRISE: SALZ, KNOBLAUCHPULVER, PAPRIKA EDELSÜSS, MILDES CURRY

Zubereitung der Lupinen-Pfannkuchen:

1 Lupinenmehl, Dinkelmehl und Gewürze in einer Schüssel vermischen. Mit lauwarmem Wasser vermischen und gut verrühren. Der Teig sollte dickflüssig sein. Mit Salz abschmecken.

2 In einer Pfanne in wenig Öl (pro Durchgang ca. 1 EL) kleine Pfannkuchen braten. Mit einer kleinen Schöpfkelle jeweils eine Portion in die geölte heiße Pfanne setzen und den Teig mit einem dünnen Wender gleichmäßig verteilen.

3 Warten, bis der Pfannkuchen durchs Braten fest geworden ist. Dann wenden und die andere Seite goldbraun braten. Die jeweils fertigen Pfannkuchen warm stellen.

Zubereitung der gerösteten Kichererbsen:

1 Die gekochten Kichererbsen auf ein Backblech verteilen.

2 Im Ofen auf 170° C Umluft ca. 40 Min. backen. Alle 10 Min. den Ofen öffnen und die Kichererbsen wenden.

3 Die gebackenen Kichererbsen herausnehmen und noch heiß mit etwas Öl und den Gewürzen vermischen. Abkühlen lassen.

KICHERERBSEN-GEMÜSEPFANNE
mit Chili & Kräutern

Zutaten für 2 Personen:

- 1 ZWIEBEL
- 2 KNOBLAUCHZEHEN
- 1 KL. ROTE PAPRIKA
- 1 KL. GELBE PAPRIKA
- 1 ZUCCHINI
- 350 g GEKOCHTE KICHERERBSEN
- 400 g TOMATEN
- 1 EL TOMATENMARK
- 5 EL OLIVENÖL
- STREUWÜRZE
- 2 MSP CHILI
- 1 TL OREGANO
- ½ TL THYMIAN

Zubereitung:

1. Zwiebel und Knoblauch schälen, klein schneiden und in Olivenöl dünsten.
2. Paprika und Zucchini in mundgerechte Stücke schneiden, dazu geben und mitbraten, immer wieder wenden.
3. Kichererbsen und kleingeschnittene Tomaten beifügen. Mit Streuwürze und Chili würzen, alles gut vermischen.
4. Mit Chili, Oregano und Thymian würzen. Zugedeckt bei schwacher Hitze ca. 20 Min. garen.

Fitness-Tipp:

Die positiven Vorzüge von Chili belegen diverse Studien zu den antioxidativen, entzündungshemmenden, schmerzlindernden, immunstärkenden und appetitzügelnden Eigenschaften des Chili-Scharfmachers Capsaicin. Selbst ein krebshemmendes Potential soll Chili haben und positive präventive Eigenschaften bei Herzleiden.

LUPINEN-PFANNKUCHEN
gefüllt mit Blattspinat

Pfannkuchen
Zutaten für 2 Personen:

- 100 g LUPINENSCHROT ODER LUPINENMEHL
- 120 g HELLES DINKELMEHL
- 1 TL BACKPULVER
- 550 ml UNGESÜSSTE MANDELMILCH
- ½ TL KURKUMA
- SALZ
- ÖL ZUM BRATEN

Zutaten für den Spinat:

- 1 ZWIEBEL
- 2 KNOBLAUCHZEHEN
- 500 g SPINAT
- 4 EL ÖL
- STREUWÜRZE

Zubereitung der Pfannkuchen:

1 Lupinenmehl, Dinkelmehl, Backpulver und Kurkuma in einer Schüssel vermengen. Mit der Mandelmilch vermischen und gut verrühren. Es muss ein dickflüssiger Teig sein. Mit Salz abschmecken.

2 In einer Pfanne in wenig Öl (pro Durchgang ca. 1 EL) Pfannkuchen braten. Mit einer großen Schöpfkelle den Teig in die geölte heiße Pfanne geben und mit einem dünnen Wender gleichmäßig verteilen.

3 Wenn die eine Seite goldbraun gebraten ist, den Pfannkuchen wenden und die andere Seite goldbraun braten. Die fertigen Pfannkuchen warm stellen.

Zubereitung der Spinatfüllung:

1 Zwiebel und Knoblauch schälen, klein schneiden und in Öl braten, bis sie leicht bräunlich werden. Den geputzten Spinat dazu geben und zugedeckt auf mittlerer Hitze dünsten. Immer wieder mit einer Holzkelle rühren. Zum Schluss mit Streuwürze abschmecken.

2 Die Pfannkuchen mit dem Spinat füllen. Heiß servieren.

SPAGHETTI »LUPINEN BOLOGNESE«

mit Cashew-»Parmesan«

Zutaten für 2 Personen:

- 250 g SPAGHETTI
- 1 ZWIEBEL
- 2 KNOBLAUCHZEHEN
- 80 g LUPINENSCHROT
- 400 g GEHACKTE TOMATEN
- 3 EL TOMATENMARK
- OLIVENÖL
- SALZ, STREUWÜRZE
- 1 MESSERSPITZE CHILI

Cashew-„Parmesan“

- 100 g CASHEWNÜSSE
- 2 EL HEFEFLOCKEN
- 1 TL FLÜSSIGWÜRZE Z.B. “TE-A-TE”
- SALZ

Zubereitung:

1 Lupinenschrot mindestens 15 Min. in lauwarmes, leicht gesalzenes Wasser einlegen.

2 Spaghetti in reichlich Salzwasser al dente kochen. Danach die Spaghetti absieben, in den Topf zurückgeben und mit etwas Öl vermischen.

3 Während die Spaghetti kochen, Zwiebel und Knoblauch schälen, klein schneiden und in Olivenöl glasig dünsten.

4 Gehackte Tomaten dazu geben. Die leere Dose zur Hälfte mit Wasser füllen und beifügen.

5 Den Lupinenschrot absieben und ebenfalls dazu geben.
Das Tomatenmark unterziehen.

6 Mit Streuwürze und Chili würzen. Zugedeckt einige Min. köcheln lassen.

7 Spaghetti portionieren und mit der Bolognesesoße servieren.

Cashew-„Parmesan“:

Cashewnüsse, Hefeflocken, Flüssigwürze und 1 Prise Salz in einem Standmixer kurz auf höchster Stufe klein hacken und mischen, bis die Körnung stimmt.

DESSERTS

feinste Zutaten - reiner Genuss

Äpfel, Heidelbeeren, Aprikosen – im Garten der Natur reift so manche kulinarische Köstlichkeit heran. Erlesene Zutaten geben diesen süßen Genüssen aromatische Frische. Von fruchtig-leicht bis cremig-herb – Sie werden überrascht sein, was sich aus gesunden, vitamin- und vitalstoffreichen Früchten Feines zubereiten lässt.

FRISCHE FRÜCHTE
serviert mit Schokomousse

Zutaten für 2 Personen:

FRISCHE FRÜCHTE NACH BELIEBEN: HIMBEEREN, BIRNE, APFEL, ORANGE, KIWI, ANANAS

2 TAFELN ZARTBITTER-SCHOKOLADE

6 EL AUFGESCHLAGENE PFLANZLICHE SAHNE Z.B. KOKOSSAHNE

1 VANILLESCHOTE

Zubereitung:

1 Schokolade in Stücke brechen und in einem kleinen Topf im heißen Wasserbad schmelzen. Einen Spritzer Wasser in die Schokolade geben.

2 In einem kalten Gefäß mit der aufgeschlagenen pflanzlichen Sahne und dem Vanillemark mischen.
Vanillemark erhält man, indem man die Vanilleschote der Länge nach aufschneidet und mit dem Messerrücken das Mark herausstreicht.

3 Schokomousse mind. 2 Stunden im Kühlschrank kalt werden lassen.

4 Schokomousse mit einem Esslöffel abstechen und auf Tellern anrichten. Nach Belieben mit den frischen Früchten und aufgeschlagener Pflanzensahne servieren. Mit frischer Pfefferminze garnieren.

VANILLE-PFIRSICH
in Weißwein

Zutaten für 2 Personen:

3 PFIRSICHE

1 ORANGE

1 VANILLEZUCKER

100 ml HALBTROCKENER ODER LIEBLICHER WEISSWEIN, GEKÜHLT

Zubereitung:

1 Pfirsiche in Spalten schneiden.

2 Orangenschale dünn abschälen und in feine Streifen schneiden (oder mit einem Zestenschneider ablösen).

3 Orange auspressen und den Saft zusammen mit dem Weißwein und dem Vanillezucker über die Pfirsiche verteilen. 1 Stunde im Kühlschrank kalt stellen.

4 Pfirsichspalten mit Saft auf flache Dessertschälchen oder -teller portionieren und mit Orangenzesten anrichten.

Fitness-Tipp:

Orangen sind wahre Vitaminquellen. Nur 100 Gramm ihres Fruchtfleisches enthalten bereits rund 50 mg Vitamin C. Das deckt mehr als die Hälfte des Tagesbedarfs. Vitamin C schützt vor Infektionen weil es das Immunsystem stärkt. Orangen haben auch einen hohen Anteil an Mineralstoffen. Selbst Vitamine der B-Gruppe, Folsäure und Phosphor stecken in diesen wohlriechenden Früchten.

SCHNELLES ERDBEER-SORBET
mit Holunderblütensirup

Zutaten für 2 Personen:

200 g GEFRORENE ERDBEEREN

2 EL PUDERZUCKER

2 EL HOLUNDERBLÜTENSIRUP

4 EL WASSER
ODER 4 EL HAFERSAHNE

Zubereitung:

1 Die gefrorenen Erdbeeren, Puderzucker, Holunderblütensirup und Wasser oder Hafersahne in einen Standmixer geben.

2 Mixen, bis eine cremig-feste Masse entsteht. Sofort servieren.

Tipp:

Wenn Sie einen Stabmixer verwenden, die gefrorenen Erdbeeren zuerst kurz antauen lassen, damit das Mixgerät nicht überfordert wird.

PIMENT-BIRNEN
in Orangen-Rosinen-Soße

Zutaten für 2 Personen:

2 REIFE BIRNEN

200 ml ORANGENSAFT

30 g ROSINEN

1 EL BRAUNER ZUCKER

1 TL GEMAHLENER PIMENT

Zubereitung:

1 Birnen entkernen und längs halbieren.

2 Orangensaft, Rosinen, Zucker und Piment in einer Pfanne erhitzen.

3 Die Birnenhälften in der leicht köchelnden Soße ca. 10 Min. garen.

Tipp:

Die fertigen Birnen mit der Orangen-Rosinen-Soße auf Dessertteller anrichten.
Mit Orangen-Zesten und Orangenschnitzen garnieren.
Heiß servieren.

ORANGENDESSERT
nach mexikanischer Art

Zutaten für 2 Personen:

- 2 ORANGEN
- ½ LIMETTE
- 2 EL TEQUILA
- 2 EL ORANGENLIKÖR
- 1 EL ZUCKER
- LIMETTENZESTEN ZUM GARNIEREN

Zubereitung:

1. Die geschälten Orangen in Scheiben schneiden und in eine Schüssel geben. Mit dem Zucker vermischen.
2. Die Limette halbieren; den Saft über die Orangenscheiben träufeln.
3. Tequila und Orangenlikör darüber verteilen und mindestens 2 Stunden kalt stellen.
4. Die Limettenzesten in einem Schälchen mit kochendem Wasser übergießen. 2 Min. ziehen lassen. Mit Haushaltspapier trocken tupfen.
5. Orangenscheiben in Dessert-Schalen verteilen und mit den Limettenzesten garnieren.

MANGOCRÈME
mit Vanille & Zimt

Zutaten für 4 Personen:

150 g GETROCKNETE MANGOS

200 ml AUFSCHLAGBARE PFLANZLICHE SAHNE Z.B. KOKOSSAHNE

1 VANILLESCHOTE

1 TL ZIMT

Zubereitung:

1 Mangos ca. 45 Min. in Wasser einweichen.

2 Das Wasser in ein Glas abgießen. Nur die eingeweichten Mangos mit dem Stabmixer pürieren. Dazu immer wieder etwas „Mangowasser“ dazu gießen, bis ein schönes Mangomus mit einer Konsistenz wie Apfelmus entsteht.

3 Zimt und Vanillemark dazu geben. Vanillemark erhält man, indem man die Vanilleschote der Länge nach aufschneidet und mit dem Messerrücken das Mark herausstreicht.

4 Pflanzliche Sahne aufschlagen und mit dem Mangomus mischen.

Tipp:

In schöne Dessertschälchen oder -gläser abfüllen. Mit Pfefferminz- oder Melissenblättchen dekorieren. Eine attraktive Dekoration sind auch die getrockneten Mangos selbst.

ORANGE KARAMELLISIERT
mit Kardamom & Pistazien

Zutaten für 2 Personen:

2 ORANGEN
3 EL GESCHÄLTE PISTAZIEN
125 g ZUCKER
1 MSP GROBER PFEFFER
2 GEWÜRZNELKEN
½ TL GEMAHLENER KARDAMOM
150 ml WASSER

Zubereitung:

1 Die geschälten Orangen in dünne Schnitze schneiden.

2 Zucker in einer Pfanne ohne Fett bei ständigem Rühren schmelzen und leicht bräunen lassen. Vorsichtig das Wasser dazu geben und mit einer Holzkelle rühren, bis der fest gewordene Zucker wieder ganz geschmolzen ist.

3 Mit Kardamom, Pfeffer und Nelken würzen, kurz köcheln lassen.

4 Orangenschnitze dazu geben, alles gut vermischen.

5 Mind. 2 Stunden kalt stellen.

Tipp:

In Dessert-Schalen anrichten und mit den Pistazien garnieren.

KARAMELLISIERTE BLÄTTERTEIG-KÖRBCHEN
mit flambierten Aprikosen

Zutaten für 2 Personen:

4 BLÄTTERTEIG-PASTETCHEN

PUDERZUCKER

200 g FRISCHE APRIKOSEN

1 VANILLEZUCKER

1 EL MARGARINE

5 EL AMARETTO

Zubereitung:

1 Blätterteig-Pastetchen auf ein Backblech setzen, mit Puderzucker bestreuen und im auf 180° C vorgeheizten Backofen ca. 5 Min. karamellisieren lassen.

2 Die Aprikosen vierteln und entkernen. Margarine, Vanillezucker und Aprikosenviertel in eine Pfanne geben, auf schwacher Flamme köcheln lassen, bis sie gar sind. Amaretto dazu geben und anzünden.

3 Je zwei heiße, knusprige Pastetchen auf einen Teller setzen und mit den Aprikosen füllen.

HEIDELBEERMICHEL
mit Haselnüssen & Mandeln

Zutaten für 2 Personen:

200 g WEISSBROT (AUCH GEREIFTES BROT)

200 g HEIDELBEEREN

150 ml APFELSAFT

150 ml HAFERSAHNE

2 EL SPEISESTÄRKE

2 EL GEHACKTE HASELNÜSSE

2 EL GEHACKTE MANDELN

2 EL ZUCKER

1 TL ZIMT

20 g MARGARINE

Zubereitung:

1 Weißbrot in kleine Würfel schneiden.

2 Die Weißbrotwürfel abwechselnd mit den Heidelbeeren in eine kleine Auflaufform schichten.

3 Apfelsaft, Hafersahne, Zimt, Zucker und Speisestärke miteinander verrühren und gleichmäßig über den Auflauf gießen.

4 Mandeln, Haselnüsse und Margarineflocken darauf verteilen.

5 Im vorgeheizten Backofen bei 180° C Umluft 10 – 15 Min. backen.

Tipp:

Nach Belieben mit geschlagener pflanzlicher Sahne servieren. Zum Garnieren eignet sich frische Zitronenmelisse oder Pfefferminze.

GLASIERTE ÄPFEL
mit Grieß-Schmarrn

Zutaten für 2 Personen:

Für glasierte Äpfel:

- 3 ÄPFEL
- 3 EL ZUCKER
- 100 ml APFELSAFT
- SAFT EINER ZITRONE

Für Grieß-Schmarrn:

- 250 ml MANDELMILCH
- 125 g FEINER HARTWEIZENGRIESS
- ABRIEB ½ ZITRONE
- 1 PRISE SALZ
- 100 g VEGANE MARGARINE
- 1 VANILLEZUCKER

Zubereitung:

Glasierte Äpfel:

1. Äpfel schälen und in 1 cm große Würfel schneiden.
2. Den Zucker in einer Pfanne auflösen. Apfelstücke dazu geben.
3. Mit Apfelsaft und Zitronensaft ablöschen und leicht einkochen lassen.

Grieß-Schmarrn:

1. Grieß in Mandelmilch nach Packungsanleitung kochen, Zitronenabrieb einrühren.
2. Den Grießbrei auf ein gefettetes Backblech streichen und kalt werden lassen, dann in mundgerechte Stücke schneiden.
3. Margarine und Vanillezucker zusammen in einer Pfanne auflösen. Die Grießstücke darin beidseitig rösten.

Tipp:

Die Grießstücke als Rauten geschnitten sehen auf dem Teller sehr schön aus. Zusammen mit den glasierten Äpfeln servieren.

APFEL-SCHNITZCHEN
mit Haselnuss-Streuseln

Zutaten für 2 Personen:

2 ÄPFEL

SAFT ½ ORANGE

ABRIEB ½ ORANGE

½ TL ZIMT

45 g BRAUNER ZUCKER

Zutaten für die Streusel:

75 g MEHL

20 g GEHACKTE HASELNÜSSE

50 g MARGARINE

40 g ZUCKER

Zubereitung:

1. Äpfel entkernen und in Schnitzchen schneiden.
2. In einem Topf mit dem Orangensaft kochen, bis sie weich sind. Mit Zimt, Zucker und dem Orangenabrieb vermischen.
3. In eine Auflaufform geben.

Zubereitung Streusel:

1. Das Mehl in eine Schüssel sieben. Die Margarine in Flocken schneiden und mit dem Mehl vermischen. Zucker und Haselnüsse dazugeben und alles von Hand zu einem feinkrümeligen Teig verarbeiten.
2. Die groben Teigkrümel gleichmäßig über die Apfelschnitze verteilen.
3. Im vorgeheizten Backofen bei Umluft ca. 25 Min. backen.

Tipp:

Kann man gut vorbereiten
und auch kalt servieren.

SMOOTHIES

Die Frische im Glas

Ein Smoothie ist ein aus verschiedenen frischen Zutaten zusammengesetztes, fein püriertes Getränk. Nach Belieben können Sie Blätter von Salaten, grüne Kräuter oder anderes mehr pürieren und dazumischen. Weil das Grüne selbst vielleicht etwas herb, bitter oder geschmacksneutral ist, kombiniert man es beispielsweise mit Obst, Gewürzen, Nüssen oder Datteln. So können Sie jederzeit Ihren ganz persönlichen Lieblings-Smoothie zubereiten. Viel Freude beim Genießen!

SMOOTHIE AUGENFREUDE
mit Kurkuma

Zutaten für 2-3 Gläser:

0,2 l KAROTTENSAFT

1 BANANE

1 GROSSER APFEL

1 DICKE SCHEIBE ZITRONE OHNE SCHALE

½ TL KURKUMA

Zubereitung:

1 Apfel vierteln und entkernen.
Die Banane in grobe Stücke schneiden.

2 Zitronenscheibe, 0,2 l Karottensaft und Kurkuma zufügen.

3 Alle Zutaten zusammen mixen.

SMOOTHIE GURKENGLÜCK
mit Holunderblütensirup

Zutaten für 2-3 Gläser:

1 SALATGURKE

1 GROSSER APFEL

100 ml HOLUNDER-BLÜTEN-SIRUP

250 ml WASSER

Zubereitung:

1 Salatgurke in grobe Stücke schneiden, Apfel vierteln und entkernen.

2 Wasser und Holunderblüten-Sirup zufügen.
Alle Zutaten zusammen mixen.

SMOOTHIE »KRAUT & KRAFT«
mit Sauerkrautsaft & Avocado

Zutaten für 4 Gläser:

- 0,3 l SAUERKRAUTSAFT
- ½ AVOCADO
- EINE HANDVOLL SALATBLÄTTER (POSTELEIN, FELDSALAT, ENDIVIEN)
- 1 DICKE SCHEIBE ZITRONE OHNE SCHALE
- ½ TL KURKUMA
- 1 MSP CHILI

Zubereitung:

1 Salatblätter, Avocado, Zitronenscheibe mit Sauerkrautsaft vermischen.

2 Kurkuma und Chili zufügen.

3 Alle Zutaten zusammen mixen.

BEEREN-SMOOTHIE
mit Apfel & Banane

Zutaten für 4 Gläser:

- 1 BANANE
- 1 APFEL
- 250 g ERDBEEREN ODER HIMBEEREN
- 200 ml WASSER

Zubereitung:

1 Erdbeeren (oder Himbeeren), Banane schälen und grob zerteilen, Apfel vierteln und entkernen.

2 Wasser zugeben und alles zusammen mixen.

SMOOTHIE SONNENSCHEIN
mit Rote-Bete-Saft

Zutaten für 4 Gläser:

- 1 KAKI
- 1 ORANGE
- 0,4 l APFELSAFT
- ½ TL KURKUMA
- Ca. 100 ml ROTE-BETE-SAFT
- 1 MSP CHILI

Zubereitung:

1. Geschälte Orange, Kaki und Apfelsaft vermischen.
2. Kurkuma und Chili zufügen, alles zusammen mixen. In die Gläser füllen.
3. Pro Glas mit Hilfe eines Schnapsglases 2 cl Rote-Bete-Saft ganz langsam hineinlaufen lassen und mit einem langen Löffel einmal kurz umrühren.

SMOOTHIE MORGENTRUNK
mit Ananas & Chili

Zutaten für 4 Gläser:

- 0,3 l KAROTTENSAFT
- ½ ANANAS, 1 MSP CHILI
- ETWAS HOLUNDERBLÜTENSIRUP
- 1 SCHEIBE ZITRONE OHNE SCHALE
- 1 HANDVOLL SPINAT ODER SALATBLÄTTER (POSTELEIN, FELDSALAT, ENDIVIEN)

Zubereitung:

1. Ananas in grobe Stücke schneiden.
2. Karottensaft und etwas Holunderblütensirup zugeben.
3. Eine Handvoll Spinat oder Salatblätter (Postelein, Feldsalat, Endivien), Zitronenscheibe und Chili zufügen und alles mixen.

PRODUKTEMPFEHLUNG

Liebe Leser,

wer Wert auf eine vegane Fitness-Küche legt, dem sind sicherlich auch vegane Zutaten wichtig.

Obst und Gemüse, das wirklich vegan angebaut und auch vegan weiter verarbeitet wird, ist nicht leicht zu finden. Das ist der Grund, warum wir unsere Produktempfehlung der Firma Lebe Gesund widmen.
Die Lebe Gesund-Produkte haben ihren Ursprung weitgehend im Friedfertigen Landbau, einer Anbauform, die nicht nur auf Pestizide und chemisch-künstliche Dünger verzichtet, sondern auch ohne Mist und Gülle arbeitet. Letzteres ist im zertifizierten Bio-Anbau nicht selbstverständlich.
In diesem Sinne ist Lebe Gesund „mehr als Bio" - Natur pur.

Freuen Sie sich auf Lebensmittel erster Güte mit einem einmaligen, unverwechselbaren Geschmack und Aroma.

Lebe Gesund

Die Internationale Gabriele-Stiftung mit ihren Tochterstiftungen arbeitet in ihren Betrieben auf friedfertige Art und Weise für Natur und Tiere.

»Vom Anbau bis zum Kunden - darin liegt Ihr Vertrauen«

Ehrliche Lebensmittel für ein gesundes Leben

Höchste Qualitätsansprüche und beste deutsche Qualität - aus eigenem Anbau und eigener Natur-Produktion: Für unsere veganen Lebensmittel bauen wir Getreide, Gemüse, Obst und Kräuter zum größten Teil selbst in veganem Friedfertigen Landbau an, der weit über die Richtlinien für Ökolandwirtschaft hinausgeht (kontr. ökol., DE-ÖKO-037). Für unsere Produkte gilt: Wir sind mehr als Bio. Wir sind reine Natur. Bestes Gemüse, feinste Kräuter und Früchte werden erntefrisch und schonend zu Brotaufstrichen, Frischkräutersoßen und vielem mehr verarbeitet. Das Getreide wird zu bekömmlichem Brot gebacken, das den wertvollen Getreide-Keimling enthält.

Frischkräuter-Pestos: Bärlauch, Basilikum & Co

Die Lebe Gesund Frischkräuter-Pestos sind das, was der Name verspricht: aus frischen Kräutern zubereitet. Die Kräuter gedeihen im Friedfertigen Landbau und werden schonend geerntet, zerkleinert und werterhaltend in erstklassigem Oliven- und Sonnenblumenöl eingelegt. So bleibt der einmalige Kräuterduft und das volle Geschmackserlebnis von frischem Bärlauch, Basilikum, Petersilie oder Schnittlauch erhalten. Damit haben Sie einen Kräuterstrauß zu Hause, monatelang haltbar - ein Kräutergarten, aus dem Sie das ganze Jahr ernten können.

iBi - der vegane Brotaufstrich

Die iBi-Brotaufstriche sind etwas für Genießer: mit frischem Gemüse und Kräutern aus Friedfertigem Landbau sind sie Glas für Glas ein Geschmackserlebnis. Sie haben die Wahl zwischen 21 köstlichen Varianten von A wie Aubergine bis Z wie Zwiebel deftig.

Die iBi-Aufstriche lassen sich alle ohne viel Aufwand in eine köstliche Soße zu allen Gerichten verwandeln. iBi dient Ihnen auch als Salatdressing und Dip und verfeinert Ihre Suppen. Die iBi-Brotaufstriche sind rein pflanzlich, also vegan, glutenfrei, ohne Soja und ohne Hefeextrakt.

Würzfee Streuwürze und Gemüsebrühe

Das Gemüse, die Kräuter, Pilze und Äpfel für die Lebe Gesund-Würzfee sind aus eigenem veganen Friedfertigen Landbau. Alle diese frischen Zutaten werden schonend getrocknet und erst kurz vor dem Vermischen fein vermahlen. Die Würzfee enthält einen überaus hohen Anteil an wertvollem Gemüse, Kräutern, Pilzen und Äpfeln. Und das schmeckt man!

Die Würzfee eignet sich für jedes Gericht, für Salate, zum Würzen von frischem und gekochtem Gemüse, als schnelle Bouillon - sie ist einzigartig aromatisch, ohne Hefeextrakt, glutenfrei und rein pflanzlich.

Die Lebe Gesund-Produkte sind erhältlich im Lebe Gesund-Versand:
Im Online-Shop www.LebeGesund.de und unter Gratis-Tel. 0800 / 122 4000

LITERATUREMPFEHLUNG

Für die Einheit von Mensch, Natur und Tieren

168 S., kart.
Euro 19,90
ISBN
978-3-89201-355-6

Vegane Volksküche

Leckere Vorspeisen, Hauptspeisen, Desserts

Genießen Sie das Kochen – und die wunderbaren veganen Gerichte! Eine reiche Auswahl an herzhaften Rezepten, schnell gemacht – schnell gekocht, aus der TV-Sendereihe „Die vegane Volksküche“: Kochen mit Freude und Genuss – und ohne Tierleid.
Übrigens: Bei den meisten Rezepten finden Sie den QR-Code, mit dem Sie die dazugehörige TV-Sendung direkt über Ihr Smartphone aufrufen und beim Kochen parallel den TV-Köchen über die Schulter schauen können.

208 S., kart.
Euro 24,-
ISBN
978-3-89201-143-9

Das tierfreundliche Kochbuch

Der Longseller unter den veganen Kochbüchern! Wie Sie mit gesunden Zutaten ohne Fleisch und andere tierische Produkte leckere Gerichte auf den Tisch bringen, erfahren Sie in diesem Buch mit praktischen Schritt-für-Schritt-Anleitungen. Deftige Kürbisspezialitäten, internationale Gerichte, Salate, Reisgerichte, Backrezepte ohne Milch und Ei, süße Speisen ...
208 S., geb., inkl. Extra-Broschüre „Soßen, Dressings & Dips“

128 S., kart.
Euro 9,80
ISBN
978-3-89201-367-9

Vegetarisch essen - Fleisch vergessen

Ein kompetenter, sehr informativer ärztlicher Ratgeber für alle Vegetarier und Veganer, aber auch für Menschen, die mit dem Gedanken spielen, ihre Ernährung umzustellen.

144 S., kart.
Euro 12,90
ISBN
978-3-89201-345-7

Vegetarier - gottlose Ketzer?

Was Fleischesser und Vegetarier gleichermaßen wissen sollten

Übermäßiger Fleischkonsum ist ein schwerwiegendes Problem: Dem Menschen bringt er Übergewicht und Krankheiten. Den Tieren bereitet er unsägliche Quälereien in der Massentierhaltung und einen grausamen Tod im Schlachthof. Wer hat uns das eingebrockt? Wer den Blick schärft, findet den Berufsstand, der schon vor Jahrhunderten den Grundstein für die brutale Missachtung des Lebens gelegt hat - und diese „Tradition" bis heute hoch hält. Wer dabei nicht mitmacht, gilt bis heute als „Gottloser Ketzer".

176 S., kart.
Euro 9,50
ISBN
978-3-89201-227-6

Das Leben mit unseren Tiergeschwistern

Du, das Tier - Du, der Mensch

Wer hat höhere Werte?

Wussten Sie, dass Tiere über Schnupperbilder den Duft unserer Empfindungen, Gedanken und Worte aufnehmen - und sich entsprechend verhalten? Liobani, ein Geistwesen, lehrt uns, unsere Übernächsten zu verstehen, sie als Freunde zu achten, und zeigt uns, wie wir in rechter Weise mit ihnen umgehen. Ein wertvoller Ratgeber für jeden Tierfreund.

108 S., kart.
Euro 9,90
ISBN
978-3-89201-327-3

Lasst die Tiere leben!

Schon die frühen Gottespropheten sprachen unmissverständlich gegen den Tiermord und den Fleischverzehr. Auch wenn viele Aussagen von Jesus und Seinen Aposteln keine Aufnahme in die kirchliche Bibel gefunden haben, so beweisen apokryphe Schriften doch, dass Jesus die Liebe zu den Tieren lehrte und Er und Seine Apostel sich fleischlos ernährten.
In diesem Buch sind Zitate großer Geister gesammelt, von Pythagoras über Einstein bis hin zu berühmten Zeitgenossen – sowie Aussagen der großen Gottesprophetie heute, gegeben durch Gabriele.

Gerne übersenden wir Ihnen unser Gesamtverzeichnis aller Bücher, CDs und DVDs sowie Gratis-Leseproben.

Gabriele-Verlag
Das Wort

Gabriele-Verlag Das Wort GmbH
Max-Braun-Str. 2, 97828 Marktheidenfeld
Tel. 09391/504 135

www.gabriele-verlag.com